불복종에
관하여

**ON DISOBEDIENCE: WHY FREEDOM MEANS SAYING
"NO" TO POWER**

by Erich Fromm

불복종에
관하여

On Disobedience
Why Freedom Means Saying "No" to Power

에리히 프롬 지음 | 김승진 옮김

차례

1장

심리적·도덕적
문제로서의
불복종

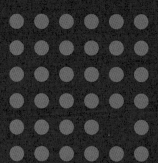

수 세기에 걸쳐 군주, 성직자, 봉건 영주, 산업계 거물, 부모
들은 **복종이 미덕**이고 **불복종은 악덕**이라고 주장해왔다. 이와
다른 관점에서 생각해보기 위해 이 입장의 맞은편에 다음의
언명을 놓아보자. **인간의 역사는 불복종의 행위로 시작되었으며
복종의 행위로 종말을 고하게 될지 모른다.**

　히브리 신화와 그리스 신화에 따르면 인간의 역사는 불복
종의 행위에 의해 시작되었다. 에덴동산에서 아담과 하와는
자연의 일부로 살았다. 자연과 조화를 이루고 있었으되 자연
을 초월하지는 않았다. 태아가 어머니의 자궁 안에 있듯이
그렇게 자연 안에 있었다. 그들은 인간이었지만 아직 인간이
아니었다. 그런데 그들이 명령에 불복종했을 때 이 모든 것
이 달라졌다. 대지 그리고 어머니와 연결되었던 끈을 끊음으
로써, 탯줄을 자름으로써, 인간은 전前 인간적 조화를 벗어
나 독립과 자유를 향한 첫발을 내디딜 수 있었다. 불복종의

행위는 아담과 하와를 자유롭게 했고 눈뜨게 했다. 이제 그들은 서로를 타인으로 인식했고 외부의 세상을 낯설고 적대적이기까지 한 무언가로 인식했다. 불복종의 행위는 자연과의 원초적인 유대를 깨뜨렸고 그들을 개인이 되게 했다. '원죄'는 인간을 타락시킨 것과는 거리가 멀다. 오히려 그것은 인간을 자유롭게 했다. 그것은 역사의 시작이었다. 스스로의 힘에 의지하는 법을 배워 온전한 인간 존재가 되기 위해 인간은 에덴동산을 떠나야만 했던 것이다.

예언자들도 그들이 가신 메시아적 관점에 의거해, 인간의 불복종 행위는 옳은 일이었으며 인간이 '죄'로 인해 타락하게 된 것이 아니라 전 인간적 조화의 족쇄로부터 자유로워진 것이었다고 확언해주었다. 예언자들에게 **역사**란 자연으로서의 인간man이 인간으로서의 인간human이 되어가는 장場이다. 역사가 펼쳐지는 과정에서 인간은 이성과 사랑의 역량을 발달시켜나가 최종적으로 자기 자신과 동료 인간, 그리고 자연 사이의 새로운 조화를 창조해낸다. 이 새로운 조화는 '현세의 종말'로서 제시된다. 인간의 역사에서 드디어 인간과 인간, 인간과 자연 사이에 평화가 도래한 시기인 것이다. 이것은 인간 자신이 만들어낸 '새로운' 낙원이며, 불복종으로 인해 '옛' 낙원에서 떠나야만 했기 때문에 오직 인간만이 만들 수 있는 낙원이다.

아담과 하와에 대한 히브리 신화처럼 그리스의 프로메테우스 신화도 인간 문명의 모든 것은 불복종 행위에 토대를 두고 있다고 말한다. 프로메테우스는 신에게서 불을 훔쳐 인간의 진화를 위한 초석을 놓았다. 프로메테우스의 '범죄'가 없었다면 인간의 역사도 없었을 것이다. 그 역시 아담과 하와처럼 불복종의 대가로 형벌에 처해지지만 그는 뉘우치지도 용서를 구하지도 않는다. 오히려 자랑스럽게 말한다. "신들의 고분고분한 종이 되느니 이 바위에 사슬로 묶여 있겠다"고.

계속해서 인간은 불복종의 행동을 통해 진화해왔다. 양심과 신념의 이름으로 권력자에게 감히 '아니오'라고 말하는 사람이 있었기에 인간의 영적 발달이 가능했다. 그뿐 아니라 인간의 지적 발달 또한 불복종을 감행할 수 있는 역량에 달려 있었다. 새로운 생각을 틀어막으려 하는 권위자들에게, 그리고 변화란 얼토당토않다고 일축하는 오래된 기성관념들의 권위에 복종하지 않을 수 있는 역량 말이다.

불복종의 역량이 인간 역사의 시발을 가능케 한 요인이었다면, 앞에서 말했듯 복종은 인간 역사의 종말을 가져올 요인이 될지 모른다. 상징적이거나 시적인 의미에서 하는 말이 아니다. 향후 5년에서 10년 안에 인류가 인간 문명을, 아니 지구상의 모든 생명을 절멸시킬 가능성이 존재하며, 그것도 상당히 현실적인 가능성이 존재한다. 물론 그런 일에는 일말의 합리성도 논리도 없다. 하지만 사실을 말하건대, 기술적으로는 원자력의 시대에 살고 있는지 몰라도 정서적으로는 인간 대다수(권력자들도 포함해서)가 여전히 석기시대에 살고 있다. 우리의 수학, 천문학, 자연과학은 20세기의 것이지만 정치와 국가와 사회에 대한 우리의 사상 대부분은 과학의 시대에 비해 훨씬 뒤처져 있다. 인류가 스스로를 멸망시키게 된다면 그것은 죽음의 버튼을 누르라는 명령에 복종해서일 것이고, 두려움과 증오, 탐욕이라는 태고의 정념에 복종해서일 것이며, 국가의 주권이니 민족의 명예니 하는 낡아빠진 상투적 개념에 복종해서일 것이다. 소비에트 지도자들은 노상 혁명을 말하고 '자유세계'의 우리들은 노상 자유를 말하지만, 그들이나 우리나 어떻게든 불복종을 꺾으려 한다. 소비에트에서는 무력을 써서 명시적으로, 자유세계에서는 좀 더 교묘한 설득의 기법을 써서 묵시적으로.

　모든 불복종이 미덕이고 모든 복종이 악덕이라는 말은 아니다. 그런 견해는 복종과 불복종의 변증법적 관계를 무시하는 것이다. 내가 복종하고자 하는 원칙과 불복종하고자 하는 원칙이 상호 부합할 수 없을 경우, 하나의 원칙에 대한 복종은 불가피하게 다른 원칙에 대한 불복종이 되며 그 역도 마찬가지다. 안티고네의 처지가 이러한 양분법의 딜레마 상황을 보여주는 고전적인 사례다. 국가의 법이라는 비인격의 법에 복종하면 불가피하게 인간다움의 법에 불복종하게 되고, 인간다움의 법에 복종하면 불가피하게 국가의 법에 불복종하게 되는 것이다. 자신의 양심에, 또 인본주의와 이성의 법칙에 복종하기 위해, 종교와 자유와 과학의 모든 순교자는 그들에게 재갈을 물리려는 자들에게 불복종해야 했다. 어떤 사람이 오로지 복종만 할 수 있고 불복종은 할 수 없다면 그는 노예다. 오로지 불복종만 할 수 있고 복종은 할 수 없다면 그는 반항꾼이다. 혁명가와 반항꾼은 다르다. 반항꾼은 분노와 실망, 억울함에 추동되어 행동할 뿐 신념이나 원칙의 이름으로 행동하지는 않는다.

용어의 혼동을 피하기 위해 짚고 넘어가야 할 중요한 점이 있다. 어떤 사람이나 제도 혹은 권력에 복종하는 것(타율적 복종heteronomous obedience)은 굴종이다. 이것은 나의 자율성을 포기하고 나의 의지가 있어야 할 자리에 외부의 의지나 판단이 들어서게 한다는 것을 의미한다. 이와 달리 나 자신의 이성과 신념에 복종하는 것(자율적 복종autonomous obedience)은 굴종의 행위가 아니라 의지를 밝히고 확인하는 행위다. 그것이 진정으로 나의 것인 한, 내 신념과 판단은 나의 일부다. 다른 이의 판단이 아니라 나의 신념과 판단을 따른다면 나는 나 자신으로서 존재하고 있는 것이다. 그러므로 여기에서 **복종**

이라는 단어는 은유적인 의미에서만 쓰일 수 있으며, 타율적 복종과는 근본적으로 의미가 다르다.

이 구분에 더해 두 가지 면에서 의미를 더 분명히 해둘 필요가 있다. 하나는 양심의 개념과 관련된 것이고 다른 하나는 권위의 개념과 관련된 것이다.

양심이라는 단어는 매우 상이한 두 가지 현상을 지칭하는 데 쓰이곤 한다. 하나는 '권위주의적 양심authoritarian conscience'으로, 내가 마음에 들고 싶거나 심기를 거스르기 두려운 권위자의 목소리가 내 안에 내면화된 것을 말한다. 사람들이 자신의 양심에 복종한다고 할 때 대개 그것은 권위주의적 양심에 복종하는 것이다. 프로이트Sigmund Freud가 말한 양심도 이런 종류인데, 프로이트는 이것을 '초자아Super-Ego'라고 불렀다. 초자아는 아버지의 명령과 금지가 두려움으로 인해 아들에게 받아들여져 내면화된 것이다. 권위주의적 양심과 구별되는 또 다른 양심은 '인본주의적 양심humanistic conscience'으로, 외부로부터 부과되는 제재나 보상과 상관없이 모든 인간에게 존재하는 목소리를 말한다. 인본주의적 양심은 인간으로서 우리가 무엇이 인간적이고 무엇이 비인간적인지, 무엇이 생으로 이끌고 무엇이 생의 파괴로 이끄는지를 직관적으로 알고 있다는 사실에 토대를 둔다. 이 양심은 우리가 인간으로서 기능하게 해준다. 이것은 우리를 우리 자신에게로,

우리의 인간성으로 되불러와 주는 목소리다.

내면화되어 있을지라도 권위주의적 양심(초자아)은 결국 외부 권력에 대한 복종이다. 의식상으로는 **나의** 양심을 따르고 있는 것 같지만 사실 이미 나는 **권력자**의 원칙을 완전히 삼켜 내 안에 받아들인 상태다. 우리가 그것을 인본주의적 양심이라고 착각한다는 바로 그 점 때문에, 내면화된 권위인 초자아는 명백하게 나의 일부가 아닌 것으로 경험되는 유의 권위보다 훨씬 더 효과적으로 작동한다. 그리고 외부의 사상과 권력에 대한 모든 복종이 그렇듯이, 권위주의적 양심에 대한 복종도 인본주의적 양심, 즉 스스로 판단하고 자기 자신으로서 존재할 수 있는 능력을 훼손하기 쉽다.

타인에 대한 복종이 그 자체로 굴종이라는 언명 또한 '불합리한 권위'와 '합리적인 권위'를 구분함으로써 뜻을 더 명확히 할 필요가 있다. 합리적인 권위의 사례는 학생과 교사의 관계에서, 불합리한 권위의 사례는 노예와 주인의 관계에서 볼 수 있다. 명령자의 권위가 상대방에게 받아들여진다는 데 토대를 둔다는 점은 두 관계 모두에 공통된다. 하지만 [상호작용에서 드러나는] 동태적인 속성을 보면 이 두 관계는 차이가 있다. 이상적인 경우라면 교사와 학생의 이해관계는 동일한 방향을 향한다. 교사는 학생의 발전에 도움이 되었을 때 만족을 느끼며, 그렇지 못했을 때 그의 실패는 학생의 실패이기도 하다. 반면에 노예 소유주는 노예를 최대한 착취하고자 하므로 노예로부터 이득을 많이 뽑아낼수록 더 큰 만족을 느낀다. 한편 노예 입장에서는 최소한의 행복이나마 지키기 위해 챙길 수 있는 것들을 최대한 지키려고 분투한다. 즉 노예와 주인의 이해관계는 적대적이다. 한쪽에 득이 되는 것이 다른 쪽에는 해가 되기 때문이다. 한쪽이 다른 쪽보다 우위에 있다는 사실은 이 두 관계에서 전혀 다른 기능을 한다. 교사-학생 관계에서는 권위자의 우위성이 복종하는 쪽의 발전을 가져오는 조건이 되지만, 주인 노예 관계에서는 권위자의 우위성이 복종하는 쪽의 착취를 가져오는 조건이 된다. 이와 더불어 또 한 가지 차이점이 있다. 합리적인 권위는 이성의 이름으로 행사되기 때문에 합리적이다. 교사가 학생에게 행사할 때든, 배의 선장이 긴급 상황에서 명령을 내릴 때든 마찬가지다. 이성은 보편적인 것이므로 우리는 굴종하지 않고도 그것을 받아들일 수 있다. 이와 달리, 불합리한 권위는 무력이나 조작적 암시와 같은 수단을 사용해야 한다. 막을 자유가 있는데도 자신이 착취당하게 둘 사람은 없을 테니 말이다.

그런데 왜 인간은 이토록 쉽게 복종으로 기우는 것일까? 인간에게 불복종이란 왜 이렇게 하기 힘든 것일까? 국가, 교회, 여론 등의 권력에 복종하는 한 우리는 안전하고 보호받고 있다는 느낌을 갖게 된다. 내가 복종하는 권력이 구체적으로 어떤 종류인지는 사실 그리 중요치 않다. 언제나 그것은 이런저런 형태로 힘과 강압을 사용하고 자신이 전지하고 전능한 양 거짓 행세를 하는 어떤 기관이거나 제도이거나 사람일 것이다. 복종을 통해 나는 내가 숭배하는 권력의 일부가 되고 따라서 나 역시 강한 존재가 되었다고 느낀다. 나는 오류를 범할 리 없다. 권력자가 결정을 내려주기 때문이다. 나는 혼자일 리 없다. 권력자가 나를 늘 지켜보고 있기 때문이다. 나는 죄를 범할 리 없다. 권력자가 내가 죄를 범하게 두지 않을 것이기 때문이다. 설사 죄를 짓는다 해도, 징벌은 내가 전능한 권력의 품으로 돌아갈 수 있게 해주는 수단이 된다. 징벌은 바로 이를 위해 존재하는 것일 뿐이다.

불복종을 할 수 있으려면, 혼자가 되고 오류를 저지르고 죄를 범할 용기가 있어야 한다. 그런데 용기만으로는 충분치 않다. 용기를 낼 수 있는 역량은 그 사람이 얼마나 많이 발달해 있는가에 달려 있다. 어머니의 무릎과 아버지의 명령을 벗어나 온전히 성숙한 인간 개인으로 서야만, 그렇게 해서 스스로 느끼고 사고할 역량을 획득해야만, 권력자에게 '아니오'라고 말할 용기, 즉 불복종할 용기를 가질 수 있다.

불복종의 행위를 통해 권력자에게 '아니오'라고 말하는 법을 배움으로써 인간은 자유로워질 수 있다. 그런데 불복종의 역량만 자유의 조건인 게 아니라 자유가 불복종의 조건이기도 하다. 자유로워지는 게 두렵다면 감히 '아니오'라고 말할수 없을 것이다. 즉 불복종의 용기를 낼 수 없을 것이다. 자유와 불복종의 역량은 분리될 수 없다. 만약 어떤 사회적, 정치적, 종교적 시스템이 자유를 주창하면서 불복종을 억압한다면, 그것은 진실을 말하는 것일 수 없다.

불복종하는 것, 권력자에게 감히 '아니오'라고 말하는 것이 그토록 어려운 일인 까닭이 또 있다. 인류 역사 대부분의기간 동안 복종은 미덕과, 불복종은 악덕과 동일시되어왔다.이유는 간단하다. 그 기간 동안 소수가 다수를 지배했기 때문이다. 세상의 좋은 것들은 소수에게 돌아갈 만큼밖에 없었고 나머지 사람들은 부스러기만 가질 수 있었으므로 불가피하게 이러한 규칙이 생길 수밖에 없었다. 소수가 세상의 좋은 것들을 자기들끼리만 누리고자 하고 한술 더 떠 다수가그들을 위해 시중을 들고 노동을 하게 만들고자 한다면, 한가지 조건이 만족되어야 한다. 다수가 복종을 배우게 해야하는 것이다. 물론 복종은 단순히 힘으로 강제할 수도 있지만 이 방법에는 단점이 많다. 우선, 언젠가 다수가 소수의 지배를 힘으로 뒤집을 수단을 갖게 될지 모른다는 위험이 상존한다. 또한 사람들이 복종하는 이유가 오직 두려움뿐이라면,되어야 할 많은 일들이 제대로 돌아가지 않을 수 있다. 따라서 힘에 대한 공포에서 나오는 복종은 마음에서 우러나는 복종으로 바뀌어야 한다. 단지 불복종하기를 두려워하는 게 아니라 스스로 복종을 원하고 심지어 복종을 필요로 하게 만들어야 하는 것이다. 이를 달성하려면 권력자는 자신이 지고의 선과 지고의 지혜를 담지한 존재라고 주장할 수 있어야 한다. 권력자는 전지한 존재가 되어야 한다. 그러면 권력자는 불복종은 죄악이고 복종은 미덕이라고 선포할 수 있게 되고, 그러고 나면 사람들은 겁쟁이가 된 스스로를 혐오할 필요 없이 복종은 미덕이라는 이유로 받아들이고 불복종은 악덕이라는 이유로 혐오할 수 있게 된다.

루터Martin Luther 시대부터 19세기까지 사람들은 명시적이고 공공연한 권위에 주로 관심을 기울였다. 루터, 교황, 군주는 그것을 지탱하고자 했고 중간층, 노동자, 철학자는 그것을 뒤엎고자 했다. 가정에서처럼 국가에서도 권위에 맞서는 싸움은 인간을 독립적이고 대담한 개인으로 성장시키는 토대가 되곤 했다. 권위에 대한 투쟁은 과학자들과 계몽주의 철학자들을 특징짓는 지적 풍조에서 뗄 수 없는 것이었다. 이 '비판적 풍조'는 이성에 대한 신념이자 전통, 미신, 관습, 권력에 기대어 말해지고 사고되는 모든 것에 대한 의심이었다. "감히 알고자 하라sapere aude"는 원칙과 "모든 것을 의심하라de omnibus est dubitandum"는 원칙은 '아니오'라고 말할 수 있는 역량을 갖추고 더욱 키워나가게 해주는 태도의 핵심적인 특징이었다.

[유대인 학살을 지휘했던 나치 장교] 아돌프 아이히만Adolf Eich-mann은 우리의 상황을 상징적으로 보여주는 사례이며, 예루살렘의 법정에서 그를 고발한 사람들이 제기한 바를 훨씬 넘어서는 중요성을 가진다. 아이히만은 조직인組織人, organization man의 상징이다. 남자, 여자, 아이 할 것 없이 인간을 숫자에 불과한 것으로 여기게 된, 소외된alienated 관료의 상징이다. 그는 우리 모두의 상징이다. 우리는 아이히만에게서 우리 자신의 모습을 볼 수 있다. 그런데 그와 관련해 가장 무서운 사실은, 그가 저지른 일이 낱낱이 다 드러났고 심지어 그것을 본인 스스로 인정했는데도 그가 완전히 진심으로 자신이 무죄라고 주장할 수 있었다는 점이다. 같은 상황에 다시 처해진다면 분명히 그는 같은 짓을 다시 저지를 것이다. 우리도 그럴 것이다. 사실, 지금 우리가 그렇다.

조직인은 불복종의 역량을 잃은 사람이다. 그는 자신이 복종하고 있다는 사실조차 인식하지 못한다. 역사의 현 시점에, 의심하고 비판하고 불복종하는 능력이야말로 인류의 미래냐 문명의 종말이냐를 가를 모든 것일지 모른다.

2장

예언자와
사제

과장 없이 말하건대, 인류가 만든 위대한 사상들이 오늘날처럼 널리 퍼졌던 적도 없지만 이 위대한 사상들이 오늘날처럼 효력을 발휘하지 못했던 적도 없는 것 같다. 플라톤과 아리스토텔레스의 사상, 예언자들과 예수의 사상, 스피노자와 칸트의 사상은 유럽과 미국에서 수백만 명의 지식인에게 알려져 있고, 수천 개의 고등교육 기관에서 가르쳐지고 있으며, 그중 어떤 사상들은 종파를 막론하고 모든 곳의 교회에서 설파되고 있다. 그런데 이 모든 일이 벌어지고 있는 세계는 제약 없는 이기주의의 원칙을 따르는 세계이고, 병적으로 과열된 민족주의를 불러일으키는 세계이며, 광적인 대량 학살을 준비하고 있는 세계이기도 하다. 이 불일치를 대체 어떻게 설명할 수 있을까?

사상이 단지 사상과 개념으로서만 가르쳐지면 사람들에게 깊은 영향을 미치지 못한다. 사상이 그런 식으로 제시되면 대개는 다른 사상을 변화시킬 뿐이다. 새 사상이 옛 사상의 자리를, 새 단어가 옛 단어의 자리를 차지한다. 이는 기껏해야 개념과 단어가 바뀐 것에 불과하다. 이것은 왜 달라져야 하는가? 사람이 사상 자체에 의해 감명을 받고 변화하기는 매우 어렵다. 사상 자체에 의해 진리를 알게 되기는 매우 어렵다. 그렇게 되려면 뿌리박힌 타성의 저항, 틀릴지도 모른다는 두려움, 그리고 무리에서 벗어나게 될지 모른다는 두려움을 극복해야 한다. 따라서 그것이 아무리 그 자체로 옳고 뛰어나다 해도 단순히 다른 사상을 접하고 알게 되는 것만으로는 충분치 않다. 하지만 어떤 사상이 그것을 가르치는 사람에 의해 '살아진다면'* 배우는 사람에게 깊은 영향을 미칠 수 있다. 사상이 그것을 가르치는 사람에게 체현된다면, 사상이 육신의 형태로 현현한다면 말이다. 겸양의 개념을 가르치는 사람 본인이 겸양을 갖추고 있다면 그의 말을 듣는 사람은 겸양이 무엇인지 잘 이해하게 될 것이다. 이해할 뿐 아니라 저이가 단지 단어들을 소리 내고 있는 게 아니라 진실로 실재하는 무언가를 말하고 있다고 믿게 될 것이다. 이는 철학자든 종교 지도자든 그 밖의 누가 가르치든 모든 사상에서 마찬가지다.

---

* 강조 표시는 옮긴이가 추가한 것이다.

사상(꼭 새로운 사상이어야 하는 것은 아니다)을 설파하면서 동시에 그 사상을 몸소 살아내는 사람을 **예언자**라 부를 수 있을 것이다. 구약에 나오는 예언자들이 그런 사례다. 그들은 인간이 자신의 존재에 대해 답을 찾아야 한다는 사상을 설파했고, 그 답이 이성과 사랑의 발달이라고 가르쳤으며, 그 이성과 사랑에는 겸양과 정의가 불가분으로 연결되어 있다고 말했다. 그들은 자신이 말하는 대로 살았다. 그들은 권력을 추구하지 않았고 오히려 권력을 피하려 했다. 예언자라는 사실 자체에서 나오는 권력까지도 말이다. 또한 그들은 무력에 동요하지 않았고 투옥, 추방, 처형의 위험을 무릅쓰고 진리를 말했다. 그들은 슬쩍 비켜서서 상황이 어떻게 되어가는지 재어보지 않았다. 그들이 동료 인간들의 삶에 반응한 것은 그래야 할 책임을 느꼈기 때문이었다. 다른 이들에게 일어난 일은 곧 그들에게 일어난 일이나 마찬가지였다. 인류는 외부가 아니라 그들 안에 있었다. 그들은 진리를 보았기 때문에 그것을 말해야 한다는 책임을 느꼈다. 그들은 [예언으로] 사람들을 겁주지 않았다. 그들은 다만 인간 앞에 놓인 **대안들**이 무엇인지를 보여주었다. 예언자는 예언자가 되고 싶어서 되는 것이 아니다. 사실, 가짜 예언자만이 예언자가 되고 싶다는 야망을 가지는 법이다. 누군가가 예언자가 되는 이유는 실로 단순하다. 그가 본 대안이 그만큼이나 단순하기 때문에 예언자가 되는 것이다. 예언자 아모스Amos는 이를 다음과 같이 명료하게 설명했다. "사자가 포효했으니 누가 두려워하지 않겠느냐? 주께서 말씀하셨으니 누가 예언자가 되지 않겠느냐?"* 여기에서 "주께서 말씀하셨으니"라는 구절은 예언자의 길을 선택하는 것이 도저히 틀린 선택일 수 없을 만큼 명확한 것임을 의미한다. 더 이상 어떤 의심도, 어떤 모호함도 있을 수 없다. 따라서, 그래야 할 책임을 느끼는 사람에게는 그가 그때까지 양을 치는 목동이었건, 포도밭을 일구는 사람이었건, 사상을 연구하고 가르치는 사람이었긴 상관없이 예언자가 되는 것 말고 다른 선택이 있을 수 없다. 현실을 보여주고 대안들을 보여주고 저항의 목소리를 밝히는 것이 예언자의 역할이다. 큰 소리로 외쳐 사람들을 반쯤 잠든 관습적인 상태에서 깨우는 것이 예언자의 역할이다. 누군가를 예언자로 만드는 것은 역사적인 상황이지 예언자가 되고 싶다는 그의 바람이 아니다.

많은 국가와 민족이 예언자를 가지고 있다. 부처는 그의 가르침을 몸소 살았다. 예수는 육신을 가진 존재로 이 세상에 왔다. 소크라테스는 자신의 사상에 따라 죽었다. 스피노자는 자신의 사상대로 살았다. 이들 모두 그들의 사상이 그

---

* 『아모스서』3장 8절.

들 각각의 육신에 체현되었다는 점 때문에 인류에게 깊은 흔적을 남길 수 있었다.

인류의 역사에서 예언자들은 가끔씩만 나타난다. 그들은 죽은 뒤 메시지를 남기며, 수많은 사람들이 그 메시지를 받아들이고 소중히 여긴다. 그런데 바로 이 점 때문에 그 사상은 대중을 지배하고 통제하려는 사람들에게 악용되기 쉽다. 이들은 대중이 그 사상에 깊은 애착을 가지고 있다는 사실을 자신의 목적에 이용할 수 있는 사람들이다. 예언자의 사상을 이런 식으로 이용하는 사람을 **사제**라고 불러보자. 예언자는 자신의 사상을 살지만 사제는 그 사상에 애착을 가진 사람들에게 그것을 집행하고 관리한다. 그러면 사상은 생명력을 잃고 그저 하나의 공식이 된다. 사제들은 사상이 어떻게 공식화되었는지가 매우 중요하다고 말한다. 경험이 죽고 나면 공식이 중요해지는 법이다. '정확한' 공식이 없고서야 어떻게 생각을 통제함으로써 대중을 통제할 수 있겠는가? 사제는 사상을 이용해서 사람들을 동원하고, 사상의 적합한 표현을 통제해서 사람들을 통제한다. 그렇게 해서 사람들을 충분히 마취시키고 나면 사제는 이렇게 말한다. '대중은 깨어나 스스로 삶을 이끌어 갈 역량이 없다. 따라서 누군가가 이끌어주지 않으면 그들은 자유로워지기를 두려워하고만 있을 것이다. 이들을 위해 내가 의무감에서, 나아가 동정심에서 그들을 이끌고 지도해주는 역할을 맡고 있는 것이다.' 모든 사제가 이렇게 행동하는 것은 아니지만 대부분은 그래 왔고, 권력을 휘두르는 사제들은 더욱 그랬다.

사제는 종교에만 있는 것이 아니다. 철학에도 있고 정치에도 있다. 철학의 모든 학파는 자신의 사제를 가지고 있다. 그들은 대부분 학식이 매우 뛰어나다. 원래의 사상을 관리하고 집행하는 것이 그들의 일이다. 그들은 창시자의 사상을 해석하고 분배하고 박물관의 전시물로 만들어 [대중이 함부로 손대지 못하게] 지킨다. 정치에도 사제가 있다. 지난 150년 동안 우리는 정치 사제들을 넘치도록 보아왔다. 그들은 자신이 속한 사회 계급의 경제적 이해관계를 보호하기 위해 자유라는 개념을 관리하고 집행했다. 20세기에는 정치 사제들이 사회주의 사상의 관리자 역할을 자처했다. 이 사상 자체는 인간의 해방과 독립을 목적으로 했지만 사제들은 이런저런 방식을 동원해 인간은 자유로울 역량이 없다고, 적어도 앞으로 상당한 시간 동안은 자유로울 역량을 갖지 못할 것이라고 주장했다. 따라서 그동안은 그 사상이 어떻게 정식화되어야 하는지, 또 누가 신실한 신도이고 누가 아닌지를 대신 결정해주어야 할 의무가 자신들에게 있다고 자처했다. 대개의 사제들이 자신이 예언자를 계승하고 있으며 자신이 설파하는 바를 몸소 살아내고 있다고 말하기 때문에 사람들은 쉽게 현혹

되어 정말 그런 줄로 착각한다. 아이의 눈은 사제가 스스로 말하는 바와 정반대로 살고 있다는 것을 간파할 수 있을지 모르지만, 대부분의 사람들은 효과적으로 세뇌가 된 터라 그러지 못한다. 급기야는 사제가 화려하고 사치스럽게 사는 것을 보더라도 위대한 사상을 표현하기 위해 희생적으로 그렇게 하는 것이라고 믿고, 사제가 누군가를 무자비하게 살해하는 것을 보더라도 혁명의 신념에서 그렇게 하는 것이라고 믿는 지경에 이른다.

예언자가 출현하기에 오늘날보다 적합한 역사적 상황이 또 있을 수 있을까? 핵전쟁을 준비하는 광기 속에서 인류 전체의 존속이 위협에 처해 있다. 인류의 가장 위대한 성취가 어느 때보다 가까이 온 순간에, 인류는 석기시대의 정신과 맹목적인 무지로 역사의 비극적 종말을 향해 빠르게 내달리고 있는 듯하다. 이 시점에 인류는 예언자를 필요로 한다. 예언자의 목소리가 사제의 목소리를 누르고 세상에 들리게 될 수 있을지는 알 수 없지만.

자신의 사상을 몸으로 체현한 사람, 또한 인류가 처한 역사적 상황이 그를 교사에서 예언자가 되게 한 소수의 사람 중 한 명으로 버트런드 러셀Bertrand Russell을 들 수 있다. 그는 위대한 사상가이지만 그것 자체는 러셀이 예언자가 되게 한 본질적인 요인이 아니다. 아인슈타인과 슈바이처처럼, 러셀은 서구 인류가 직면한 위협에 답을 제시했다. 이들 모두 말하고 경고하고 대안을 보여주었다. 슈바이처Albert Schweitzer는 [가봉의] 랑바레네에서 의사로 일함으로써 기독교 사상을 몸소 살았다. 아인슈타인Albert Einstein은 1914년에 독일 지식인들이 휩쓸렸던 광적인 민족주의의 목소리에 동참하기를 거부함으로써, 그리고 이후에도 여러 차례 그렇게 함으로써 이성과 인본주의의 사상을 몸소 살았다. 러셀은 수십 년 동안 여러 저술에서 합리성과 인본주의를 이야기한 바 있지만, 최근에는 저잣거리로 나가서 참된 인간이라면 국가의 법칙과 인본주의의 법칙이 모순될 때 마땅히 인본주의의 법칙을 택해야 함을 모든 이들에게 몸소 보여주었다.

러셀은 어떤 사상이 한 사람에게 체현되었다 하더라도 집단에 체현되지 않으면 사회적 중요성을 얻을 수 없다는 것을 깨달았다. 아브라함이 소돔의 운명에 대해 신과 언쟁을 벌이면서 신의 정의에 도전했을 때, 그는 정의로운 인간이 열 명만 있다면, 그보다 적지만 않다면 소돔을 구해달라고 신에게 간청했다. 그러니까 아브라함조차 의인이 열 명보다 적다면, 즉 정의의 개념을 체현한 사람이 최소 규모의 집단조차 형성할 수 없을 정도로 적다면 소돔이 구원받을 수 있으리라 기대하지 않은 것이다. 러셀은 도시를 구할 수 있는 사람 열 명이 있음을 증명하고자 했다. 그래서 사람들을 모았고, 사람들과 함께 행동했고, 사람들과 함께 거리에 앉았고, 사람들과 함께 경찰차에 실려 끌려 나갔다. 그의 목소리는 광야의 목소리이지만 고립된 목소리는 아니다. 그의 목소리는 합창단을 이끄는 목소리다. 그 합창이 그리스 비극의 합창일지 베토벤 9번 교향곡의 합창[〈환희의 송가〉]일지는 향후 몇 년간 펼쳐질 역사만이 말해줄 수 있을 것이다.

러셀이 스스로의 삶에서 체현한 사상 중 가장 먼저 언급되어야 할 것은 인간이 가진 불복종의 권리와 의무일 것이다.

여기에서 불복종은 '이유 없는 반항' 유를 말하는 것이 아니다. 이유 없는 반항은 '아니오'라고 말하는 것 말고는 삶에서 성의 있게 헌신할 일이 없기 때문에 하는 불복종이다. 이런 유의 반항적 불복종은 그것의 반대, 즉 '아니오'라고 말할 **역량이 없는** 순응적 복종만큼이나 무력하고 맹목적인 것이다. 내가 말하고자 하는 것은 자신의 양심과 자신이 택한 원칙에 복종할 수 있기 때문에 불복종할 수 있는 사람, 자신의 의지를 긍정할 수 있기 때문에 '아니오'라고 말할 수 있는 사람이다. 나는 혁명가를 이야기하는 것이지 반항꾼을 이야기하는 것이 아니다.

대부분의 사회체제에서 복종은 최고의 미덕이고 불복종은 최고의 죄악으로 여겨진다. 우리의 문화에서 누군가가 '죄의식'을 느낄 때, 사실 그는 불복종한 데 대한 두려움을 느끼고 있는 것이다. 자신은 도덕적인 고뇌를 겪고 있다고 생각하겠지만 그가 겪는 괴로움은 도덕적 고뇌가 아니라 명령에 불복종했다는 데서 오는 걱정이다. 이는 놀랄 일이 아니다. 결국 기독교의 가르침도 아담의 불복종을 두고 그것이 그와 그의 자손을 근본적으로 타락시킨 행위였으며 오로지 신의 특별한 은총만이 인간을 이 타락에서 구원할 수 있게 만들었다고 해석하고 있지 않은가? 물론 이런 개념은 교회의 사회적 기능에 잘 들어맞았다. 불복종의 죄악적 속성을 가르침으로써 지배자의 권력을 떠받쳐주었던 기능 말이다. 겸양, 형제애, 정의에 대한 성경의 가르침을 진지하게 받아들이는 사람만이 세속의 권위에 대해 반란을 일으킬 수 있었는데, 그럴 때면 교회는 그들에게 신에 대한 반역자이며 죄인이라는 낙인을 찍곤 했다. 주류 개신교에서도 이는 달라지지 않았다. 오히려 가톨릭교회는 세속의 권위와 영적 권위의 차이를 계속 인식하고 있었던 반면, 개신교는 스스로를 세속의 권력과 결합했다. 루터가 16세기에 혁명을 일으킨 독일 농민들에 대해 다음과 같은 글을 쓴 것은 이 경향이 드러난 첫 번째의, 그리고 과격한 형태의 한 사례였을 뿐이다. "그러므로 반란자보다 유독하고 해롭고 사악한 것은 있을 수 없음을 기억하면서, 그렇게 할 수 있는 모든 사람은 은밀하게든 공개적으로든 [반란자들을] 공격하고 죽이고 찔러야 할 것이다."[*]

종교적인 테러는 수그러들었지만 권위주의 정치체제들은

계속해서 대중의 복종을 체제 존속의 인적 초석으로 삼았다. 17세기와 18세기의 위대한 혁명들은 왕의 권위에 맞서 싸웠지만 곧 인간은 왕의 계승자들(어떤 이름을 가지고 있었던 간에)에게 복종하는 것을 또다시 미덕으로 여겼다. 그렇다면 오늘날에는 어디에서 그러한 권위가 행사되고 있는가? 전체주의 국가들에서는 국가가 공공연하게 권위를 행사하며 가족과 학교가 권위에 대한 대중의 존중을 강화함으로써 국가의 권위를 떠받친다. 한편 서구의 민주주의 국가들은 19세기의 공공연한 권위주의를 극복했다고 자랑스러워한다. 하지만 정말로 극복했는가? 권위의 성격만 바뀐 것은 아닌가?

20세기는 정부, 기업, 노조 할 것 없이 모두 위계적 관료제로 조직되어 있는 시대다. 관료들은 사물과 사람을 **구분 없이** 관리하고 분배하고 집행한다. 그들은 특정한 원칙들, 특히 재무제표, 수량화, 효율 극대화 같은 경제원칙들을 따른다. 관료들은 마치 이런 원칙들에 따라 프로그램되어 있는 컴퓨터처럼 작동한다. 개인은 숫자가 되고 스스로를 사물로 전환한다. 하지만 공공연한 권위자가 존재하지 않고 복종을 막무가내로 '강요'받지는 않기 때문에, 자신이 자발적으로 행동하

＊　마르틴 루터Martin Luther, 「약탈과 살해를 일삼는 농민 폭도들에 반대함Wider die mörderischen und räuberischen Rotten der Bauern」(1525).

고 있으며 '합리적인' 권위를 따르고 있다고 착각한다. '합리적인 것'에 누가 불복종할 수 있겠는가? 컴퓨터 관료제에 누가 불복종할 수 있겠는가? 복종을 인식조차 못 하는데 어떻게 불복종할 수 있겠는가? 가정과 학교에서도 동일한 일이 벌어진다. 진보적인 교육론이 타락하면서, 아이들에게 무엇을 해야 할지 가르치거나 지시하지 않고 아이가 해야 할 일을 안 해도 벌을 주지 않는 교수법이 생겨났다. 아이들은 '자기 자신을 표현하라'는 이야기만 들을 뿐이다. 하지만 태어난 첫날부터 아이들은 순응의 가치를 비정상적으로 존중하는 태도, '남과 다른' 것에 대한 두려움, 그리고 무리에서 벗어나는 것에 대한 공포를 가득 주입받는다. 이렇게 해서 가정과 학교에서 '조직인'이 길러지며, 거대 조직에서 교육이 완료되고 나면 이러한 조직인들은 견해는 있으되 신념은 없는 상태가 되고, 즐거운 것을 추구하지만 불행한 상태가 되며, 익명의 비인간 권력에 자발적으로 복종해 자신의 삶과 심지어는 아이들의 삶까지 기꺼이 희생시키고자 하는 상태가 된다. 수소폭탄 전쟁에 대한 논의에서 요즘 유행하고 있는 사망자 추산치에 대한 화법까지 거리낌 없이 받아들인다. 한 나라 인구의 절반이 죽는 것은 '용인될 만하고' 3분의 2가 죽는 것은 '아마도 용인되기 어려울 것'이라는 식으로 말이다.

오늘날 불복종의 문제는 인류의 생사가 걸린 중요한 문제다. 성경에 따르면 인간의 역사는 아담과 하와의 불복종 행위에서 시작되었고, 그리스 신화에서도 인류의 문명은 프로메테우스의 불복종 행위에서 시작되었다. 그리고 어쩌면 인간의 역사는 복종의 행위로 종말을 고하게 될지 모른다. '국가의 주권,' '민족의 명예,' '군사적 승리'와 같은 낡은 물신에 복종하는 권위자들이 자신과 자신이 숭배하는 물신에 복종하는 사람들에게 내리는 명령에, 절멸의 버튼을 누르라는 명령에 복종하는 행위로 말이다.

그렇다면 우리가 의미하는 바의 불복종은 이성과 의지를 긍정하고 확인하는 행위다. 불복종은 무언가에 **맞서** 이뤄지는 행위라기보다 무언가를 **향해** 이뤄지는 행위다. 볼 수 있는 능력, 본 것을 말할 수 있는 능력, 그리고 보지 않은 것을 말하기를 거부할 수 있는 능력인 것이다. 이를 위해 꼭 공격적이거나 반항적이어야 할 필요는 없다. 필요한 것은, 눈을 뜨고 온전하게 깨어 있고자 하는 의지, 그리고 반쯤 잠들어 있기 때문에 소멸할 위험에 처해 있는 사람들의 눈을 뜨게 해줄 책임을 기꺼이 맡고자 하는 의지다.

마르크스Karl Marx는 "신들의 고분고분한 종이 되느니 이 바위에 사슬로 묶여 있겠다"고 말한 프로메테우스가 모든 철학자의 수호성인이라고 말한 바 있다. 이는 삶 자체의 프로메테우스적 기능을 되살리는 것과 관련이 있다. 마르크스의 주장은 철학과 불복종을 연결하는 것의 의미를 매우 분명하게 밝히고 있다. 사실 대부분의 철학자는 자기 시대의 권위에 불복종하지 않았다. 소크라테스는 죽음으로써 복종했고, 스피노자는 권위와 갈등을 빚게 되느니 교수직을 거절하기로 했다. 칸트는 충실한 시민이었고, 헤겔은 나이가 든 뒤에 젊은 시절의 혁명적 감수성을 버리고 국가의 영예를 찬미했다. 그렇더라도 프로메테우스는 그들의 수호성인이었다. 그들이 저잣거리로 나가 사람들 속에 섞여 들어가지 않고 강의실과 서재에 남아 있었다는 것은 사실이며, 여기에는 많은 이유가 있었다(이 글에서 논하지는 않을 것이다). 그래도 철학자로서 그들은 전통적인 사고와 개념이 갖는 권위에 불복종했다. 그들은 그저 믿어지고 그저 가르쳐지는 상투적 관념에 불복종했다. 그들은 어둠에 빛을 가져왔고 반쯤 잠들어 있는 사람들을 일깨웠으며 '감히 알고자' 했다.

철학자는 이성과 인류에 복종하기 때문에 상투적 관념과 여론에 불복종한다. 이성이란 보편적이고 국경을 초월하는 것이므로 이성을 따르는 철학자는 세계의 시민이다. 이 사람이나 저 사람, 이 나라나 저 나라가 아니라 인류가 그의 대상이다. 자신이 태어난 곳이 아니라 세계 전체가 그의 나라다.

사고의 혁명적인 속성을 버트런드 러셀보다 더 잘 표현한 사람은 없을 것이다. 『사회 개조의 원리*Principles of Social Recon-*

struction』(1916)에서 그는 이렇게 말했다.

인간이 세상에서 제일 두려워하는 것은 사고다. 인간은 폐허보다도, 심지어 죽음보다도 사고를 두려워한다. 사고는 전복적이고 혁명적이고 파괴적이고 공포스럽다. 사고는 권위에 대해, 기성의 제도에 대해, 또 편안한 습관에 대해 무자비하다. 사고는 태곳적이고 무법적이다. 사고는 권위에도, 오랜 세월 확립되어온 지혜에도 무관심하다. 사고는 지옥의 심연을 들여다보고도 무서워하지 않는다. 사고는 인간이 알 수 없는 침묵의 깊이에 둘러싸여 있는 나약한 존재임을 본다. 하지만 우주의 주인과도 같은 기품으로 의연하고 자랑스럽게 처신한다. 사고는 위대하고 기민하며 자유롭다. 사고는 이 세상의 빛이고 인간의 가장 큰 영광이다.
하지만 사고가 소수의 특권이 아니라 다수의 소유가 되게 하려면 우리는 두려움을 먼저 벗어버려야 한다. 사람들을 뒤로 잡아끄는 것이 바로 두려움이기 때문이다. 소중히 여기던 신념이 망상으로 판명되지는 않을까, 자신의 삶을 떠받치는 제도들이 사실은 해로운 것이었다고 판명되지는 않을까, 스스로 생각했던 것보다 훨씬 더 자신이 존중받을 만한 존재가 아니었다고 판명되지는 않을까 하는 두려움 말이다. "노동자들이 재산에 대해 자유롭게 생각할 수 있어야 하는가? 그러면 우리 부자들은 어떻게 될 것인가? 젊은이들이 성에 대해 자유롭게 생각할 수 있어야 하는가? 그러면 도덕은 어떻게 될 것인가? 군인들이 전쟁에 대해 자유롭게 사고할 수 있어야 하는가? 그러면 군사 규율은 어떻게 될 것인가? 사고에서 멀어져라! 재산과 도덕, 전쟁이 위험에 처하지 않도록 편견의 그늘로 돌아가라! 사람들의 사고가 자유로워지는 것보다 그들이 계속해서 멍청하고 게으르고 억압적인 상태로 있는 게 낫다. 사고가 자유로워지면 그들은 우리가 생각하는 것처럼 생각하지 않을 것이기 때문이다. 그런 재앙은 어떤 비용을 치러서라도 피해야 한다." 사고에 반대하는 자들은 영혼의 깊은 무의식에서 이렇게 주장한다. 또한 교회, 학교, 대학에서 그들이 하는 행동도 이와 같다.

러셀이 가진 불복종의 역량은 추상적인 원칙이 아니라 가장 현실적인 경험에, 즉 삶에 대한 사랑에 뿌리를 두고 있다. 삶에 대한 사랑은 러셀의 글과 러셀이라는 사람 자체를 관통해 빛을 발한다. 이것은 오늘날 매우 보기 드문 특질이고, 다수 대중이 풍요로움 속에 사는 나라에서는 더욱 그렇다. 많은 이들이 흥분을 즐거움으로, 자극을 관심으로, 소비를 존재로 착각한다. 지극히 죽음 애호적인 슬로건인 '죽음 만세Long live death'를 의식적으로 사용한 사람들은 파시스트들뿐이었겠지만, 사실 이것은 부유한 나라에 살고 있는 많은 사람들의 정신도 부지불식간에 가득 채우고 있다. 대다수의 사람들이 핵전쟁과 그것이 가져올 문명의 파괴를 체념한 듯 그저 받아들이고 파국을 막기 위한 조치를 거의 취하지 않는 한 가지 이유가 여기에 있지 않을까? 이들과 달리 러셀은 위협적인 살육에 맞서 싸운다. 그가 평화주의자여서라거나 그밖의 어떤 추상적인 원칙이 관여되어 있어서가 아니라, 그가 삶을 사랑하는 사람이기 때문이다.

같은 이유에서 러셀은 '인간의 본래적 사악함'*이라는 개념을 지겹도록 떠들면서 사실은 인간에 대해서보다는 자기 자신에 대해, 그리고 인간에 대한 자신의 음울한 태도에 대해 더 많이 말하는 사람들의 목소리를 결코 사용하지 않는다. 러셀이 감상적인 낭만주의자여서가 아니다. 오히려 그는 냉정하고 비판적이고 신랄한 현실주의자다. 그는 인간의 마음에 자리 잡은 사악함과 어리석음의 깊이를 잘 알고 있다. 하지만 그는 이 사실을 인간이 본래적으로 타락했다는 주장과 혼동하지 않는다. 인간이 본래적으로 타락했다는 주장은 인간에게 인간다운 세계를 창조할 능력이 있다고 믿기에는 너무나 음울한 사람들이 자신의 전망을 합리화하는 데 흔히

---

* 강조 표시는 옮긴이가 추가한 것이다.

사용된다. 하지만 러셀은 『신비주의와 논리—자유로운 인간의 숭배*Mysticism and Logic: A Free Man's Worship*』(1903)에서 이렇게 말했다. "죄 없이 태어난 아주 드문 사람들은 논외로 하고, 그 사원에 들어가기 위해서 꼭 통과해야 하는 어둠의 동굴이 있다. 그 동굴의 문은 절망이고 바닥에는 버려진 희망의 자갈들이 깔려 있다. 그곳에서 자아는 죽어야 한다. 그곳에서 정념, 즉 제어되지 않은 욕망의 탐욕은 제거되어야 한다. 그래야만 영혼이 운명의 제국으로부터 자유로워질 수 있기 때문이다. 하지만 '포기의 문'을 지나면 다시 지혜의 빛이 나타난다. 그 안에서 새로운 통찰, 새로운 기쁨, 새로운 온화함이 빛나면서 순례자의 마음을 기쁘게 한다."

또 더 이후에 쓴 『철학 에세이*Philosophical Essays*』(1910)에서 러셀은 이렇게 말했다. "하지만 더 높은 곳의 더 위대한 세계를 볼 수 있는 창문이 없었다면 지상에서의 삶은 감옥에서의 삶이나 마찬가지였을 것이라고 느끼는 사람들, 인간의 전능함을 믿는 것은 오만이라고 여기는 사람들, 지상의 왕국들을 발아래 두려는 나폴레옹식 지배보다 정념을 다스림으로써 얻는 스토아적 자유를 바라는 사람들, 다른 말로 인간이 그들이 숭배하기에 적합한 대상이 아니라고 생각하는 사람들에게, 실용주의자의 세계는 삶을 가치 있게 하는 모든 것이 박탈된, 그리고 인간이 숙고하는 우주에서 모든 장엄함을 제거함으로써 인간 자신마저 왜소해지게 만드는 비좁고 빈약한 세계로 보일 것이다."

인간이 본래적으로 악하다는 주장에 반박하는 러셀의 견해는 『인기 없는 에세이Unpopular Essays』(1950)에도 잘 나타나 있다. "전통 신학에서는 사탄의 수족이었다가 무슨 조화인지 교육 개혁가들 사이에서 갑자기 빛나는 천사가 된 아이들은 이제 다시 소악마가 되었다. 대사탄Evil One에게 영감을 받은 신학적 개념의 소악마가 아니라 '무의식'에서 영감을 받은 과학적이고 프로이트적인 혐오의 대상이 된 것이다. 여기서 짚고 넘어가야 할 것은, 이들이 과거 수도승들이 맹비난했던 악마보다 심지어 더 사악한 존재로 묘사되곤 한다는 점이다. 오늘날의 교과서를 보면 현대의 소악마들은 죄악거리를 생각해내는 데서 몹시도 독창적이고 집요하다. 과거에 이렇게 독창적이고 집요하게 악마에게 시달려본 사람이 있었다면 성 안토니오뿐일 것이다. 이런 이야기들이 다 객관적인 진리일까? 아니면 더 이상 힘으로 누르는 것이 허용되지 않는 골치 아픈 작은 존재들에 대해 어른들이 상상으로나마 보상을 받고자 하는 것일까? 프로이트주의자들의 답을 기다린다."

러셀의 글을 하나 더 인용해보자. 여기에서는 인본주의적인 사상가 러셀이 얼마나 깊이 삶의 기쁨을 경험했는지 볼 수 있다. 『과학의 미래The Scientific Outlook』(1931)에서 러셀은 이렇게 말했다. "연인, 시인, 신비주의자는 권력을 추구하는 자가 알 수 있을 어떤 만족보다도 완전한 만족을 발견한다. 사랑의 대상이 계속 유지되기 때문이다. 반면, 권력을 추구하는 자들은 공허함을 겪지 않으려면 영구적으로 무언가 새로운 조작을 해야 한다. 나는 죽음이 왔을 때 내가 헛되이 살았다고 느끼지 않을 것이다. 나는 저녁마다 지구가 붉어지는 것을 보았다. 아침마다 이슬이 반짝이는 것을 보았다. 쌀쌀한 태양 아래 눈이 반짝이는 것을 보았다. 가뭄 뒤에 내리는 단비의 냄새를 맡았다. 대서양의 폭풍이 콘월 해변의 화강암에 부딪히는 소리를 들었다. 과학은 과학이 없었더라면 이런 기쁨을 느낄 수 없었을 더 많은 사람들에게 이런 즐거움을, 또 그 밖에도 많은 즐거움을 줄 수 있을 것이다. 그렇다면 과학의 힘이 현명하게 사용되었다고 말할 수 있을 것이다. 하지만 과학이 삶에서 가치를 주는 순간들을 박탈한다면, 아무리 영리하고 정교하게 작동하더라도 그것은 인간을 절망의 길로 이끄는 것이며 존중받을 가치가 없는 것이다."

러셀은 학자다. 이성을 믿는 사람이다. 하지만 같은 직업을 가진 많은 사람들, 많은 학자들과 그는 얼마나 다른가! 그들에게 중요한 것은 세계를 지적으로 파악하는 것이다. 학자들은 자신의 지식이 현실을 다 설명할 수 있으며 그것으로 이해되지 않는 것은 중요하지 않은 것이라고 확신한다. 자기 지식의 공식으로 포착되지 않는 모든 것에 대해서는 회의하면서 자신의 과학적 접근에 대해서는 순진하게도 전혀 회의하지 않는다. 그들은 탐구하고 질문하는 사람에게서 생겨나는 계몽의 과정보다 자신의 사상이 가져오는 결과에만 관심을 기울인다. 러셀은 『철학 에세이』에서 실용주의를 논하면서 이런 종류의 지적 과정에 대해 다음과 같이 언급했다. "실용주의는 상상력의 질료 전체를 지구의 표면에서만 발견하려는 기질에 호소한다. 그런 기질을 가진 사람들은 진보를 자신만만하게 확신해서 인간의 역능에 부과되는 비인간의 제약들을 알지 못한다. 그들은 전쟁, 그리고 전쟁이 수반하는 모든 위험을 애호한다. 자신이 승리하리라는 것을 사실상 조금도 의심해보지 않기 때문이다. 그들은 철도와 전기를 욕망하듯이, 종교 또한 일상사에 도움과 안락을 주는 것으로서 욕망한다. 그들은 인간을 초월하는 대상을 제시해줌으로써 어떠한 미심쩍음도 없이 숭배할 수 있는 존재를 향한 인간의 갈망과 완벽함을 향한 인간의 갈구를 만족시켜주는 것으로서 종교를 욕망하지는 않는다."

실용주의자들과 달리 러셀에게 합리적인 사고란 확실성을 추구하는 것이 아니다. 합리적인 사고란 모험이고 자아해방의 행위이며 용기의 행위다. 합리적인 사고는 사고하는 사람을 더 온전히 깨어 있고 더 온전히 살아 있게 함으로써 그를 변화시킨다.

러셀은 신념을 가진 인간이다. 종교적인 의미에서의 신념이 아니라 이성의 힘에 대한 신념, 인간이 자신의 노력으로 자신의 낙원을 만들 능력이 있다는 데 대한 신념 말이다. 그는 「수소폭탄이 인류에게 일으키는 위험Man's Peril from the Hydrogen Bomb」(1954)에서 이렇게 말했다. "지질학적 시간을 생각해볼 때, 인간은 기껏해야 100만 년도 안 되는 짧은 기간 동안 존재했다. 그러나 인간이 그동안 이룩한 것, 특히 지난 6000년 동안 이룩한 것은 우주의 역사에서 완전히 전례가 없는 것이었다. 적어도 우리가 알고 있는 바로는 그렇다. 셀 수 없이 태양이 뜨고 지고 달이 차고 기울며 하늘에 별이 빛나던 세월이 있었지만, 인간이 존재하고 나서야 이런 일들이 이해될 수 있었다. 천문학의 거대한 세계와 원자핵의 미세한 세계에서 인간은 결코 밝혀질 수 없으리라 여겨졌던 비밀들을 발견해냈다. 또 문학과 예술과 종교에서도 어떤 사람들은 인류를 존속할 가치가 있는 존재로 만들어주는 숭고의 감정을 보여주었다. 그런데 이런저런 집단이 아니라 '인류'를 생각할 역량을 가진 사람이 너무 적기 때문에 이 모든 것이 사소한 공포 속에서 종말을 고하게 될 것인가? 인류에게는 지혜가 그렇게 부족한가? 편향되지 않은 사랑을 할 역량이 그렇게 부족한가? 자기 보존이라는 가장 단순한 명령에 대해

서조차 그토록 분별없이 무지해서 우리가 사는 지구에서 모든 생명을, 인간의 생명뿐 아니라 반공주의자니 공산주의자니 하는 혐의를 갖다 붙일 수도 없는 동물과 식물의 생명까지 모두 소멸시켜 인류의 명청한 똑똑함을 최종적으로 증명하고 말 것인가?"

"나는 이것이 우리의 결말이라고 믿을 수 없다. 나는 인간이 잠시 그들끼리의 싸움을 잊고 스스로의 생존을 허용하고자 한다면 과거의 승리들을 비할 바 없이 능가할 미래의 승리들을 기대해도 좋을 이유가 넘치도록 존재함을 알게 되리라 믿는다. 우리가 마음만 먹는다면 우리 앞에는 행복, 지식, 지혜의 지속적인 진보가 있을 것이다. 그런데도 고작 우리끼리 벌여온 싸움을 잊지 못해서 그러한 진보 대신 죽음을 택할 것인가? 나는 인간으로서 인간에게 호소한다. 인류를 기억하고 나머지를 잊으라. 그렇게 할 수 있다면 우리 앞에 새로운 낙원이 열릴 것이다. 하지만 그렇게 하지 못한다면 우리 앞에는 모두의 공멸만이 놓여 있을 것이다."

이와 같은 러셀의 신념은 한 가지 중요한 자질에 기초하고 있다. 이 자질 없이는 그의 철학도, 전쟁에 맞서는 그의 투쟁도 이해될 수 없다. 그것은 바로 **삶에 대한 사랑**이다.

많은 사람들에게 삶에 대한 사랑은 별 대수로운 의미를 갖지 못할 것이다. 그들은 이렇게 생각한다. 다들 삶을 사랑하지 않는가? 삶이 위협에 처하면 사람이란 다 삶을 맹렬히 붙들려 하기 마련 아닌가? 다들 삶에는 재미있는 일도 많고 흥미롭고 자극적인 일도 많지 않은가?

하지만, 우선 사람들은 삶이 위기에 처했을 때 삶을 맹렬히 붙들려 하지 않는다. 그게 아니라면 핵으로 인한 대량 살육의 가능성 앞에서 사람들이 이렇게 수동적인 것을 어떻게 설명하겠는가? 또한 사람들은 흥분을 기쁨으로 착각하고 흥미를 삶에 대한 사랑으로 착각한다. 그들은 '풍요로움 속에서 기쁨 없이' 산다. 자본주의가 육성하는 미덕이라고들 하는 모든 것, 즉 개인의 주도권, 위험 감행, 독립성 등은 산업사회에서 사라진 지 오래이며 서부영화 아니면 갱단에서나 발견될 뿐이다. 관료화되고 중앙 집중화된 산업주의에서는 정치 이념을 막론하고 점점 더 많은 사람들이 삶에 진력이 나서 지루함을 극복하기 위해 차라리 죽기를 원한다. '공산화되느니 죽는 게 낫다better dead than red'고 말하지만 마음 깊은 곳에 있는 그들의 진짜 모토는 '살아 있느니 죽는 게 낫다'일 것이다. 앞에서도 말했듯이, 이러한 지향의 극단적인 형태를 '죽음 만세'라고 외친 파시스트들에게서 찾아볼 수 있다.

이것을 누구보다도 명확하게 인식했을 사람을 한 명 꼽으라면 미겔 데 우나무노Miguel de Unamuno일 것이다. 우나무노는 살라망카 대학 총장으로서 생애 마지막 연설을 하게 되었는데, 그때는 스페인 내전[1936~1939년]이 막 시작된 무렵이었고 그날의 행사는 미얀 아스트라이Milán Astray 장군이 연설을 하는 자리였다. 청중석 뒤에서 그의 추종자 한 명이 아스트라이가 가장 좋아하던 모토인 "죽음 만세!Viva la Muerte!"를 외쳤다. 아스트라이가 연설을 마치자 우나무노는 일어서서 이렇게 말했다.

"…… 방금 나는 '죽음 만세'라는 죽음 애호적이고 불합리한 외침을 들었습니다. 나는 평생 동안 역설을 만들고 이야기해온 사람입니다. 그래서 역설을 이해하지 못하는 이들에게서 분노를 사곤 했지요. 역설 전문가로서 나는 이렇게 말해야 할 것 같습니다. 이 괴이한 역설이 나는 너무나 혐오스럽습니다. 미얀 아스트라이 장군은 불구입니다. 어떤 비하적인 의미도 없는 단어로 받아들여주십시오. 그는 전쟁터에서 다친 장애인입니다. 세르반테스도 그랬습니다. 불행히도 스페인에는 지금 불구가 너무 많습니다. 신이 곧 우리를 도우러 오시지 않는다면 더 많은 불구가 생길 것입니다. 미얀 아스트라이 장군이 대중의 심리를 이끌게 될 것을 생각하면 고통스럽습니다. 세르반테스가 가졌던 영적 위대함을 결여한 불구는 섬찟하게도 자신의 주변을 온통 훼손하는 데서 위안을 찾고자 하는 습성이 있기 때문입니다."

이때 미얀 아스트라이가 참지 못하고 끼어들어 "인텔리를 타도하자!"라고 외쳤고 팔랑헤Falange* 당원들 사이에서 "죽음 만세"라는 연호가 이어졌다. 그러나 우나무노는 굴하지 않고 말을 이어갔다. "이곳은 지성의 전당이고 따라서 내가 최고 사제입니다. 신성한 전당을 모욕하고 있는 것은 당신들입니다. 잔혹한 무력을 넘치도록 가지고 있으니 당신들이 승리할 것입니다. 하지만 당신들은 확신시키지 못할 것입니다. 확신을 시키려면 설득을 해야 하고 설득을 하려면 당신들이 가지고 있지 않은 것, 바로 이성과 투쟁에서의 정당함이 필요하기 때문입니다. 당신들에게 부디 스페인을 생각하라고 간청해본들 아무 소용도 없겠지요. 이제 제 말은 다 했습니다."

하지만 우나무노가 죽음 애호라고 부른 죽음에의 끌림은 파시즘적 사고의 산물만이 아니다. 이것은 거대 기업, 정부, 군대의 중앙 집중적 관료제에 의해 지배되는 문화, 그리고 인간이 만든 물건, 장비, 기계 들이 점점 더 중심을 차지하고 그것에 의해 지배되는 문화에 깊이 뿌리를 두고 있다. 이러한 관료제적 산업주의는 인간을 사물이 되게 하고 자연을 기술적 장치가 되게 하며 유기적인 것을 무기적인 것이 되게 한다.

파괴와 기계에 대한 사랑, 그리고 여성(여성에게 남성이 생

---

* 스페인의 파시스트 정당.

의 표현이듯이 남성에게도 여성은 생의 표현이다)에 대한 멸시가 드러난 초창기 표현 중 하나로 1909년에 필리포 마리네티Filippo Marinetti가 쓴 「미래주의 선언Manifeste du futurisme」을 들 수 있다. 이탈리아 파시즘의 지적 전조 중 하나라 할 만한 이 글에서 마리네티는 이렇게 선언했다.

…… 4. 우리는 이 세계의 장엄함이 새로운 아름다움, 즉 속도의 아름다움으로 풍성해졌노라고 선언한다. 질주하는 자동차, 폭발적인 숨을 내뿜는 뱀 같은 거대한 파이프들로 장식된 차체 …… 유산탄에 올라탄 듯 포효하며 달리는 자동차는 사모트라케의 니케*보다 아름답다.

5. 우리는 운전대를 잡은 남자에 대해 노래할 것이다. 그의 이상적인 제동 회전은 지구의 회전보다도 빨라 지구를 경외감에 얼어붙게 만든다.

…… 8. '불가능'으로의 관문을 부수고 나아가야 할 이 시점에 왜 뒤를 돌아보는가? '시간'과 '장소'는 어제 종말을 고했다. 우리는 이미 절대적인 것 속에 살고 있다. 이미 우리가 속도를 만들었으며, 그것은 영원히 존재하고 항상 존재하기

---

* 고대 그리스 시기에 제작된, 승리의 여신 니케의 조각상. 에게해의 사모트라케 섬에서 발굴되었다.

때문이다.

9. 우리는 '전쟁'의 영예를 찬미한다. 전쟁은 세상에 건강을 가져다주는 유일한 것이다. 우리는 군사주의, 애국심, 무정부주의자들의 파괴의 무기, 아름다운 살인의 사상, 그리고 여성에 대한 멸시를 찬미한다.

10. 우리는 박물관과 도서관을 파괴할 것이고 도덕주의, 여성주의, 그리고 모든 기회주의적이고 효용론적인 비열함과 싸울 것이다.

사람들 사이의 구분 중에 삶을 사랑하는 사람과 죽음을 사랑하는 사람의 구분보다 더 뚜렷한 것은 없을 것이다. 죽음 애호는 인간만이 획득하는 특질이다. 인간은 지루함을 느끼게 될 수 있고 죽음을 사랑하게 될 수 있는 유일한 동물이다. 불능(성적 불능을 말하는 것이 아니다)인 사람은 생을 창조할 수는 없지만 생을 파괴함으로써 그것을 초월할 수는 있다. 삶 가운데서 죽음을 사랑하는 것은 궁극적인 도착증이다. 어떤 사람들은 진실로 죽음을 애호한다. 이들은 자신의 진짜 동기를 인식하지 못해서 자신의 야망이 생, 명예, 자유를 위한 것이라고 합리화하지만, 실은 죽음을 애호하기 때문에 전쟁에 환호하고 전쟁을 촉진한다. 이런 사람은 아마 소수이겠지만, 삶과 죽음 사이에서 선택을 내리지 않는 사람은 아주 많다.

이 선택에 직면했음을 외면하기 위해 일상의 바쁨 속으로 숨는 사람들 말이다. 이들은 파괴를 환영하지는 않지만 생을 환영하지도 않는다. 전쟁에 열정적으로 반대하려면 꼭 필요한 생의 기쁨이 이들에게는 없다.

괴테Johann Wolfgang von Goethe는 가장 근본적인 시대 구분은 믿음의 시대와 불신의 시대 사이의 구분이라고 말한 바 있다. 그는 역사에서 믿음이 지배했던 모든 시대는 밝고 고양되고 유용했던 반면, 불신이 지배했던 시대는 누구도 결실 없는 일에 자신을 바치려 하지 않았기 때문에 사라져 없어졌다고 말했다. 괴테가 말한 '믿음'은 삶에 대한 사랑에 깊이 뿌리를 두고 있다. 삶을 사랑할 수 있는 여건을 만든 문화는 믿음의 문화이기도 했다. 그리고 삶에 대한 사랑을 만들지 못한 문화는 믿음도 만들 수 없었다.

러셀은 믿음을 가진 인간이었다. 그의 글들을 읽고 평화를 위한 그의 행동들을 보면, 삶을 사랑하는 마음이 러셀이라는 사람 전체의 원천인 것 같다. 예언자들처럼 그는 세상에 임박한 위험을 경고했다. 그가 삶을, 그것의 모든 형태와 모든 현현을 사랑했기 때문이다. 또한 예언자들처럼 그는 인간 역사가 가게 될 미래가 이미 다 결정되어 있다고 말하는 결정론자가 아니었다. 그는 결정되어 있는 것은 몇몇 제한적인, 그리고 분명하게 알아낼 수 있는 대안들이라고 말하는 '대안주의자'였다. 우리에게 놓인 대안은 핵무기 경쟁의 종식이냐, 아니면 파괴이냐. 이 예언자의 목소리가 멸망과 무기력의 목소리를 누르고 승리할지는 세상의 활력, 특히 젊은 세대의 활력이 보존될 수 있을 것인가에 달려 있다. 우리가 절멸한 다 해도 우리에게 경고해준 사람이 아무도 없었다고는 말할 수 없을 것이다.

3장

인류여
번성하라

중세 세계가 부서지고 새로운 세계로의 문이 활짝 열렸을 때, 서구인은 가장 간절히 바라왔던 꿈과 비전의 최종적인 실현을 향해 나아가는 것 같았다. 그들은 교회의 전체주의적 권위로부터, 전통적 사고의 무게로부터, 절반 정도만 발견된 지구의 지리적 제약으로부터 스스로를 해방시켰다. 그들은 자연을 발견했고 개인을 발견했다. 그들은 자신의 힘을 알게 되었고 자신이 자연의 지배자, 그리고 전에는 전통적으로 주어지는 것이었던 상황의 지배자가 될 역량이 있음을 알게 되었다. 그들은 새로이 갖게 된 인간 역능에 대한 감각과 합리성, 그리고 인본주의적이고 영적인 전통에서 오는 정신적인 가치를 성공적으로 결합해낼 수 있으리라 믿었다. 또한 그들은 인간 역사의 전개 과정에서 [궁극적인] 평화와 정의가 도래하는 메시아적 시간이 달성될 수 있으리라고 보는 예언자적 개념, 그리고 그리스 사상에서 이어져온 이론적 사고의 전통을 성공적으로 결합해낼 수 있으리라 믿었다. 르네상스와 종교개혁의 뒤를 이은 몇 세기 동안 그들은 새로운 과학을 일구었고 점차 그 과학은 전례 없는 생산력과 물질세계의 완전한 변모를 가져왔다. 또한 개인의 자유롭고 생산적인 발전을 보장해줄 것처럼 보이는 정치체제도 생겨났다. 노동시간도 크게 줄어서 선조들은 상상도 할 수 없었을 만큼의 시간을 여가에 쓸 수 있게 되었다.

하지만 오늘날 우리는 어디에 있는가?

세상은 자본주의와 공산주의, 두 개의 진영으로 나뉘어 있다. 양 진영 모두 인류가 수세대 동안 품어왔던 희망을 실현할 열쇠를 자신이 가지고 있다고 주장한다. 양 진영 모두 그들이 서로 공존해야 하지만 두 체제는 화합이 불가능하다고 말한다.

그들의 말이 옳은가? 둘 다 거대하고 강력한 관료제적 기관들이 이끌고 조작하는 산업사회로, 산업적 신봉건주의라는 새로운 형태로 수렴해가고 있지 않은가? 사람들이 배불리 먹고 재밌는 오락거리도 누리게 되긴 하지만 자동인형처럼 조작되는 사회, 그리고 그들의 개인성, 독립성, 인간성은 상실되는 사회로 수렴하고 있지 않은가? 인간은 자연의 지배자가 될 수 있고 점점 더 많은 물건을 만들 수도 있지만 연대와 정의에 기반한 새 사회를 지을 수 있으리라는 희망은 버려야만 한다고, 그런 이상은 기술적인 의미의 공허한 '진보' 개념 속에서 어차피 상실되어버릴 것이라고, 그렇게 체념하고 받아들여야 하는가?

자본주의적 관리 산업주의와 공산주의적 관리 산업주의라는 두 가지 길 외에는 대안이 없는가? 개인이 환경의 통제를 받는 것이 아니라 능동적이고 책임 있는 구성원으로서 환경을 통제하는 종류의 산업사회를 지을 수는 없는가? 경제적 부와 인간의 자아실현은 정말로 화합이 불가능한 것인가?

자본주의와 공산주의는 경제적, 정치적 차원에서만 경쟁하고 있는 것이 아니다. 양 진영은 (인류 전체까지는 아니라 해도) 둘 다를 쓸어버리기에 충분한 핵 공격의 무시무시한 공포에서도 막상막하로 대치하고 있다. 인간은 핵폭탄을 만들었다. 이것은 인류의 가장 위대한 지적 성취 중 하나가 가져온 결과다. 하지만 인간은 자신의 창조물에 대해 주인의 지위를 상실했다. 폭탄이 인류의 주인이 되었다. 인류가 만든 힘이 인류의 가장 위험한 적이 되었다.

이 경로를 바꿀 시간이 아직 남아 있는가? 경로를 바꿔서 환경이 우리를 지배하게 두지 말고 우리가 환경의 지배자가 될 시간이 아직 남아 있는가? 우리는 문제 해결이 **절대로 불가능할** 방법으로만 문제를 해결하려 들게 만드는, 즉 무력, 폭력, 살육으로만 문제를 해결하려 들게 만드는 뿌리 깊은 야만을 극복할 수 있을까? 우리는 위대한 지적 성취와 후진적인 정서적, 도덕적 상태 사이의 간극을 좁힐 수 있을까?

이 질문들에 답하려면 서구의 인간이 현재 어떤 위치에 있는지 더 상세히 알아볼 필요가 있다.

대부분의 미국인에게 미국의 산업 조직화 양식이 성공적이었다는 것은 매우 분명하고 반박 불가한 사실로 보인다. 새로운 생산력(증기, 전기, 석유, 핵에너지)과 새로운 노동 조직 방식(중앙 계획, 관료제, 분업 고도화, 자동화)으로 선진 산업국가는 막대한 물질적 부를 쌓을 수 있었다. 100년 전만 해도 인구 중 다수가 극빈곤 상황이었지만 이제 이들 나라에서는 극빈곤이 없어졌다.

노동시간도 지난 100년간 1주일에 70시간에서 40시간으로 줄었고, 자동화가 더 진전되면 노동시간은 전례 없는 수준으로 줄어서 인간이 꿈도 꾸지 못했던 여가 시간을 누리게 해줄지 모른다. 초등교육은 모든 아이에게 제공되고 있으며 고등교육까지 마치는 사람도 상당수에 이른다. 또 영화, 라디오, 텔레비전, 스포츠, 취미거리 등도 발달해 이제는 많이 늘어난 여가 시간을 채워주고 있다.

서구에서는 인류 역사상 최초로 다수의 인구가, 그리고 곧 전체 인구가 생존을 위한 물질적 여건을 확보하는 것보다 '좋은 삶'을 사는 것에 주된 관심을 갖는 상태로 전환하게 될 것이다. 앞 세대 사람들이 소중하게 품었던 꿈들의 실현이 정말로 가까워진 것처럼 보이며 서구 세계가 '좋은 삶'이란 무엇인가라는 질문에 답을 찾은 것처럼 보인다.

북미와 서유럽의 많은 사람들이 여전히 이렇게 생각하고 있지만, 이 유혹적인 묘사의 오류를 현명하고 예리하게 간파하는 사람들도 많아지고 있다. 무엇보다 이들은 세계에서 가장 부유한 나라인 미국에서도 인구의 5분의 1이 다수가 누리는 좋은 삶을 공유하지 못하고 있음을 지적한다. 우리의 이웃 상당수가 존엄한 인간 존재로 살아가는 데 필요한 기본적인 물질적 수준에 도달하지 못한 것이다. 또한 이들은 전 세계 인구의 3분의 2가 넘는 사람들, 수세기 동안 서구 식민주의의 지배를 받았던 곳들에 살고 있는 사람들이 미국의 10분의 1이나 20분의 1 정도의 생활수준밖에 누리지 못하고 있으며 기대 수명도 미국 평균의 절반밖에 안 된다는 점 또한 지적한다.

이들은 우리의 시스템이 낳은 불합리한 모순에 경악한다. 미국만 보더라도 수백만 명이, 그리고 미국 바깥에서는 수억 명이 먹을 것이 충분치 않은 채로 살아가는데, 미국은 농업 생산량을 제한하기 위해 고전하고 매년 수억 달러를 잉여 농산물을 보관하는 데 들인다. 우리는 풍요롭지만 삶을 풍요롭게 해주는 것들을 가지고 있지 않다. 우리는 더 부유하지만 덜 자유롭다. 우리는 더 많이 소비하지만 더 공허하다. 우리는 핵무기를 가지고 있지만 방위는 더 취약해졌다. 우리는 더 많은 교육을 받지만 신념과 비판적 판단력은 더 부족하다. 우리는 더 종교적이지만 더 물질적이다. 우리[미국인]는 노상 미국의 전통을 운운하지만 미국의 전통을 그 실제대로, 즉 철저히 인본주의적인 영적 전통에 충실하게 오늘날의 사회에 적용하려는 사람들을 '비非미국적'이라고 부른다.

많은 이들이 지금은 과도기이며 한두 세대 안에 서구가, 그리고 전 세계가 경제적 풍요에 도달할 것이라고 스스로를 위로한다. 하지만 아무리 그렇게 위로해도 질문은 남는다. **우리의 산업 시스템이 지나온 경로를 그대로 계속 밟아간다면 우리는 어디에 도달할 것이며 인간은 어떤 상태가 될 것인가?**

우리의 시스템 중 **경제적인** 문제 몇 가지를 해결하는 데 매우 성공적이었던 요소들이 **인간적인** 문제를 해결하는 데는 왜 점점 더 실패하고 있는지 알려면 20세기 자본주의의 특징을 살펴보아야 한다.

자본의 집중은 거대 기업을 출현시켰다. 이러한 기업은 위계적으로 조직된 관료제 시스템으로 관리되며, 막대한 수의 노동자가 한데 모여 일을 한다. 노동자들은 거대하게 조직화된 생산 기계의 일부이며, 이 생산 기계는 마찰이나 교란 없이 부드럽게 돌아가야만 작동이 가능하다. 개별 노동자들과 사무직원들은 이 기계의 부품이 된다. 그들의 기능과 활동은 그들이 속해서 일하고 있는 조직의 전체 구조에 의해 결정된다. 거대 기업에서 생산수단의 법적인 소유자는 경영진과 분리되어 중요성을 잃었다. 이제 거대 기업은 관료제적 경영자들에 의해 지배된다. 이들은 법적으로는 기업을 소유하고 있지 않지만 사회적으로는 소유하고 있다. 이들은 이전의 소유주-경영자들이 가졌던 특징(개인의 주도권, 대담함, 위험 감행 등)을 가지고 있지 않으며 관료들의 특징(비인간성, 조심성, 상상력의 부족 등)을 가지고 있다. 이들은 일과 사람을 행정적으로 관리하고 분배하며 사람도 사물 대하듯 대한다. 이들 경영자 계급은 법적으로는 기업을 소유하고 있지 않지만 실제로는 기업을 통제하고 있다. 그런데도 주주와 노동자 모두에 대해 사실상 책임을 지지 않는다. 주요 산업 분야가 거대 기업 중심으로 재편되는 동안, 이 기업들은 최고위 경영 관리직군이 지배하게 되었다. 경제적으로, 또 정치적으로도 상당히 국가의 운명을 좌지우지하는 거대 기업은 민주적 과정과 정확히 반대되는 방식으로 조직되어 있다. **거대 기업은 피지배자들에게 통제받지 않는 권력을 대표적으로 보여준다.**

산업계 관료들을 차치하더라도, 인구의 막대한 다수가 또 다른 종류의 관료들에게 지배를 받는다. 우선 군대를 포함해 정부 관료가 있다. 이들은 수백만 명의 삶에 이런저런 방식으로 영향을 미치고 방향을 지운다. 그리고 산업, 군사, 정부의 관료들은 활동의 면에서나 인력의 면에서나 점점 더 긴밀하게 연결되고 있다. 또한 기업 규모가 점점 더 커지면서 노조 역시 관료제적 거대 기계가 되었다. 조합원 개개인은 별로 목소리를 내지 못하며, 많은 노조 지도자가 산업계의 지도자와 마찬가지로 경영관리적 관료다.

이 관료들 모두 계획이나 비전을 가지고 있지 않다. 관료와 행정의 속성상 그럴 수밖에 없다. 사람이 사물이 되고 사물처럼 관리되면, 관리를 하는 사람 자체도 사물이 된다. 그리고 사물은 의지, 비전, 계획을 갖지 않는다.

사람들이 관료제적으로 관리될 때 민주적 과정은 허울뿐인 의례가 된다. 거대 기업의 주주총회이건, 정치 선거이건, 노조 회의이건 간에, 개인은 의사 결정 과정에 적극적으로 참여해 결론에 실질적으로 영향을 미칠 수 있는 힘을 거의 다 잃었다. 특히 정치 선거는 점점 더 유권자들이 소수의 전문 정치인들 사이에서 선호를 표현하는 행위로 전락하고 있다. 이를 그나마 가장 좋게 묘사하는 것이 '동의에 의한 통치'라고 말하는 것일 텐데, 이 동의도 조작과 암시의 기법을 통해 만들어진다. 이 모든 상황이 결합해 가장 근본적인 결정, 즉 전쟁과 평화에 관한 외교정책의 결정은 일반 시민이 거의 알 길이 없는 소수의 집단이 좌지우지하게 되었다.

미국에서 건국의 아버지들이 민주주의라는 정치사상을 상상했을 때, 그들은 그것을 순수하게 정치적인 사상으로서만 생각하지 않았다. 그들의 사상은 예언자의 메시아주의, 복음, 인본주의, 그리고 18세기 계몽주의 등에서 이어져온 영적 전통에 뿌리를 두고 있었다. 이 모든 사상과 운동의 중심에는 하나의 희망이 자리 잡고 있었다. 그것은 인간이 역사의 전개 과정을 통해 가난, 무지, 불의에서 스스로를 해방시키고 인간과 인간, 또 인간과 자연 사이에 조화와 평화와 화합의 세계를 만들 수 있으리라는 믿음이었다. 역사가 목적을 가진다는 개념, 그리고 완벽성을 향한 인간의 추구가 역사의 전개 과정을 통해 달성되리라는 믿음은 서구 사상을 가장 구체적으로 특징짓는 요소였다. 바로 이것이 미국의 전통이 뿌리를 두고 있고 미국의 힘과 활력이 나오는 토양이다. 그런데 우리가 인간과 사회를 더 완벽하게 만들어갈 수 있다는 개념은 지금 어떻게 되었는가? 그것은 '진보'라는 밋밋한 개념으로 훼손되었다. 더 온전히 살아 있고 생산적일 수 있는 **인간**을 탄생시키기보다 더 많고 더 좋은 **물건**을 생산하려 하는 비전으로 훼손되었다. 오늘날 우리의 정치사상은 영적인 뿌리를 잃었고, 생활수준을 높이는 데 도움이 되는지, 더 효율적인 정치 행정에 도움이 되는지 아닌지로만 판단되는 편의적 방편의 문제가 되었다. 정치사상은 인간의 심성과 열망 속에 자리 잡고 있었던 뿌리를 잃고 공허한 껍데기가 되었고 편의에 따라 언제든 버려질 수 있는 것이 되었다.

생산 영역에서만이 아니라 개개인이 자유로운 선택을 내리는 영역이라고들 말하는 소비 영역에서도 인간은 관리되고 조작된다. 대상이 음식이건 옷이건 술이건 담배건 영화건 텔레비전 프로그램이건 간에, 우리의 소비와 관련해 강력한 암시와 최면의 도구가 두 가지 목적을 위해 동원된다. 하나는 새로운 상품에 대한 열망을 계속 불러일으키는 것이고, 다른 하나는 이런 욕망이 산업계 입장에서 가장 수익성 있을 법한 방향으로 가게 만드는 것이다. 소비재에 대한 자본 투자 규모와 소비재 시장에서 벌어지는 거대 기업 간의 치열한 경쟁을 보건대, 이들 기업들로서는 소비를 우연에 맡기지 말아야 할 필요가 있으며, 무엇을 사고 싶은지, 얼마나 더 사고 싶은지를 소비자가 자유롭게 선택하도록 두지 않으리라는 것이 자명하다. 개인의 욕망은 지속적으로 북돋워져야 하며, 취향은 지속적으로 조작되고 관리되고 예측 가능해져야 한다. 그래서 인간은 유일한 소망이라고는 '더 좋은' 물건을 더 많이 소비하는 것뿐인 영원한 젖먹이 같은 존재가 된다. 즉 인간은 '소비자'가 된다.

우리의 경제 시스템은 물질적으로는 인간을 풍요롭게 해주었지만 인간적으로는 빈곤하게 만들었다. 신에 대한 믿음,

이상, 영적인 우려 등을 목청 높여 말하는 서구 세계의 그 온 갖 프로파간다와 슬로건에도 불구하고, 우리의 시스템은 물 질주의 문화와 물질주의적인 인간을 만들어냈다. 이제 개인 은 일하는 시간 동안에는 생산 팀의 일부로서 관리되고, 여 가 시간 동안에는 좋아하라고 명령받은 것을 좋아하면서도 자신의 취향을 따르고 있다고 착각하는 완벽한 소비자가 되 기 위해 조작되고 관리된다. 인간은 슬로건, 조작적 암시, 비 현실의 목소리에 사정없이 난타당하며, 그것들은 그가 가지 고 있었을지 모르는 현실성을 마지막 한 톨까지 없애버린다. 어려서부터 인간은 진정한 신념을 갖지 않도록 독려받는다. 그리하여 비판적인 사고도 진정한 감정도 거의 없게 되었으 므로, 다른 이들에 대한 순응만이 참을 수 없는 상실감과 외 로움에서 그를 구해줄 수 있다. 이제 인간은 적극적인 역량 과 내면의 풍성함을 담지한 존재로서 자신을 경험하지 못한 다. 그는 외부의 권력에 의존하고 자신의 삶의 실체를 그 권 력에 투사하는, 빈약해진 '사물'로서 자신을 경험한다. 인간 은 자기 자신으로부터 소외되어 자기 손으로 만들어낸 것들 앞에 머리를 조아린다. 자기가 생산한 것들 앞에, 국가 앞에, 자신이 만든 지도자들 앞에 머리를 조아린다. 자신의 행동이 자신에게 지배되는 것으로서가 아니라 자신의 위에 군림하 며 자신에게 적대적으로 작동하는 낯선 힘으로서 경험된다.

역사상 그 어느 때보다도 우리의 생산물이 우리 위의 객관적 요인들과 결합해 우리의 통제 범위를 벗어나 점점 더 거대해지면서 우리의 기대를 깨뜨리고 우리의 계산을 무력화한다. 이것은 우리 시대의 발전 상태를 특징짓는 주된 요소 중 하나다. 현대인이 만든 생산물, 기계, 국가가 현대인의 우상이 되었다. 이 우상들은 현대인 자신의 생명력의 소외된alienated 형태다.

마르크스는 다음과 같이 말한 바 있는데, 실로 옳은 말이다. "모든 육체적, 정신적 감각은 이 모든 감각의 자기 소외에 의해, 즉 소유의 감각에 의해 잠식되었다. …… 사적 소유는 우리를 너무나 멍청하고 [생성의 능력에 있어서] 무력하게 만든 나머지 우리가 어떤 사물을 **소유**할 때만 그것이 우리의 것이 되게 한다. 그것이 우리에게 자본의 형태로 존재할 때만, 그리고 우리가 그것을 소유했을 때만, 우리가 먹었을 때만, 우리가 마셨을 때만, 우리가 사용했을 때만 우리의 것이 되는 것이다. …… 우리는 이 모든 부를 가지고서도 가난하다. 많이 **소유**하고는 있지만 우리의 **존재**가 너무나 하찮기 때문이다."

그 결과 평범한 사람들은 풍요로운 가운데 즐거움의 결핍을 느끼고 불안, 외로움, 우울함을 겪는다. 삶은 그에게 영 말이 되어 보이지 않는다. 그는 삶의 의미가 '소비자' 이외에는 아무것도 아닌 존재가 되는 데 있지는 않으리라는 것을 어렴풋이 알고 있다. 이 시스템이 수많은 탈출구를 제공하지 않는다면 그는 이토록 기쁨도 없고 의미도 없는 삶을 견디지 못할 것이다. 텔레비전부터 우울증 약까지 온갖 종류의 탈출구들이 우리가 삶에서 가치 있는 것들을 점점 더 잃고 있다는 사실을 잊게 해준다. 그와 반대로 말하는 온갖 슬로건에도 불구하고, 우리 사회는 관료가 지배하는 사회를 향해 빠르게 내달리고 있다. 이들 관료들은, 배불리 먹고 돌봄을 잘 받지만 비인간화되고 우울해진 대중 인간mass man을 관리하고 통제한다. 우리는 인간 같은 기계와 기계 같은 인간을 만든다. 50년 전에 사회주의가 가장 크게 비판받는 지점이었던 획일화, 관료화, 중앙 집중화, 영혼 없는 물질주의가 이제는 자본주의의 특징이 되었다. 우리는 자유와 민주주의를 이야기하지만 점점 더 많은 사람들이 자유의 책임을 두려워하고 그저 배불리 먹는 로봇 같은 노예가 되고 싶어 한다. 이들은 민주주의에 대해 믿음이 없으며 정치 전문가들이 결정을 내리게 두는 데 만족한다.

우리는 라디오, 텔레비전, 신문 등 커뮤니케이션이 널리 확산될 수 있는 시스템을 만들었다. 하지만 사람들은 정치적, 사회적 실재에 대해 정보를 얻기는커녕 잘못된 정보를 얻고 특정한 사상을 주입받는다. 사실 우리의 견해와 사상에는 상당한 획일성이 존재한다. 정치적 압제와 두려움 때문에 획일적이 된 것이라면 이해하기 어렵지 않을 텐데, 문제는 다들 '자발적으로' 동의한다는 데 있다. 애초에 우리의 체제는 그와 정반대, 즉 동의하지 않을 권리라는 개념과 사상의 다양성을 선호하는 성향에 기초해 세워진 것이었는데도 말이다.

공산 사회에서처럼 자유기업 사회에서도 '이중 언어'가 규칙이 되었다. 공산 사회에서 독재 정권을 '인민의 민주주의'라고 부른다면, 자유기업 사회에서는 같은 진영에 속한 동맹국이기만 하다면 독재자들을 '자유를 사랑하는 사람들'이라고 부른다. 5000만 명의 미국인이 핵 공격으로 죽을 가능성에 대해서는 '전쟁의 위험 요소'라고 말하고, 제정신으로 생각한다면 핵전쟁의 파국에서 승리란 있을 수 없다는 것이 명확한데도 '끝내기 대결'에서 우리가 승리할 것이라고 말한다.

초등교육부터 고등교육에 이르기까지 교육의 범위와 수준은 최고조에 올라 있다. 그러나 교육은 더 많이 받고 있으되 이성, 판단력, 신념은 덜 갖게 되었다. 기껏해야 지능이 나아졌을 뿐 이성은 나아지지 않았다. 표면을 뚫고 개인과 사회의 삶의 기저에서 작동하는 힘을 이해하는 능력은 되레 점점 더 빈약해졌다. 사고는 점점 더 감정에서 분리되고 있다. 사람들이 전 인류에게 드리운 핵전쟁의 위협을 용인하고 있다는 사실 자체가 현대인이 제정신인지 의심해야 할 지경까지 와 있음을 보여주는 증거다.

인간은 자신이 지은 기계의 주인이 되기는커녕 하인이 되었다. 하지만 인간은 사물이 되도록 창조되지 않았으며 소비가 주는 그 모든 만족도 인간의 생명력을 심연에 계속 붙들어둘 수 없다. 우리에게 주어진 선택은 하나뿐이다. 다시 우리가 기계의 주인이 되는 것. 생산이 목적이 아니라 수단이 되게 하는 것. 생산을 이용해 인간의 삶이 더 풍성하게 펼쳐질 수 있게 하는 것. 그렇게 하지 못한다면 억압된 생명의 에너지가 혼란과 파괴의 형태로 모습을 드러내게 될 것이다. 인간은 지루해 죽느니 삶을 파괴하고 싶어질 것이다.

현재 인간이 처한 상태에 대해 우리 사회와 경제의 조직양식에 책임을 물을 수 있을까? 이제까지의 내용이 암시하고 있듯이 우리의 산업 시스템, 그것이 생산하고 소비하는 방식, 그것이 촉진하는 인간관계의 방식이 정확히 위에서 묘사한 바와 같은 인간의 상황을 만들었다. 이는 시스템이 그러기를 **원했기** 때문도, 개개인의 사악한 의도 때문도 아니다. 이것은 평범한 인간의 특성이 사회구조가 부과하는 일상의 실천과 습관에 의해 형성되기 때문에 발생하는 일이다.

분명 20세기의 사본주의 형태는 19세기의 자본주의 형태와 다르다. 사실 아주 많이 달라서 두 시스템을 동일한 이름으로 부르는 게 타당한가 싶을 정도다. 거대 기업으로의 막대한 자본 집중, 소유와 경영의 분리 심화, 강력한 노조의 존재, 농업 등 몇몇 산업에 대한 국가의 보조, '복지국가'의 요소들, 가격 통제와 관리 시장적 요소들, 그 밖에도 수많은 특징에서 20세기 자본주의는 이전의 자본주의와 근본적으로 다르다. 하지만 어떤 용어를 쓰든 옛 자본주의와 새 자본주의 사이에는 기본적인 공통점이 있다. 연대와 사랑이 아니라 개인주의적이고 이기적인 행동이 모두에게 최선의 결과를 가져다줄 것이라는 원칙, 인간의 의지와 비전과 계획이 아니라 비인격적 메커니즘인 시장이 사회의 삶을 조절해야 한다는 믿음 등이 그렇다. 자본주의는 사물(자본)을 삶(노동)보다 우위에 둔다. 권력은 행동이 아니라 소유에서 나온다. 현대의 자본주의는 인간이 삶을 펼치는 데 장애가 되는 것들을 추가로 만들어낸다. 시스템이 부드럽게 작동하려면 노동자, 사무직원, 엔지니어, 소비자로 이뤄진 팀의 작동이 필요하다. 관료들이 이끄는 거대 기업이 이런 유의 조직과 그 조직에 맞아 들어갈 '조직인'들을 필요로 하기 때문이다. 이 시스템은 그 필요에 잘 끼워 맞춰질 사람들을 만들어내야 한다. 다수와의 협업에 균열 없이 보조를 맞출 수 있는 사람들을 만들어내야 한다. 더욱더 많이 소비하기를 원하는 사람들을 만들어내야 한다. 취향이 표준화되어 쉽게 예측 가능하고 쉽게 영향을 받는 사람들을 만들어내야 한다. 자신이 외부의 어떤 권위나 양심의 원칙에도 종속되지 않은 자유롭고 독립적인 존재라고 느끼면서도 마찰 없이 사회적 기계에 맞물려 돌아가도록 시스템이 자신에게 기대하는 바를 기꺼이 받아들여 시스템의 명령에 따르는 사람들을 만들어내야 한다. 강제가 없어도 방향 지워진 대로 움직이고, 지도자가 없어도 지침을 받으며, 계속 앞으로 움직이라는 목적 외에는 다른 목적이 없는데도 추동되고 촉진되는 사람들을 만들어내야 한다. 생산은 이윤을 위한 자본 투자의 원칙에 의해 이뤄져야 하며, 무엇이 생산될 것인가가 사람들의 실질적인 필요에 따라 결정되게 해서는 안 된다. 라디오, 텔레비전, 책, 약품 등 모든 것이 이윤 원칙의 지배를 받으므로 사람들은 종종 영혼에, 때로는 신체에도 해가 되는 방식의 소비를 기꺼이 하도록 조작당한다.

우리 사회가 우리의 영적 전통에 토대를 둔 인간의 열망을 충족시키는 데 실패하고 있는 것은 우리 시대의 가장 현실적인 두 가지 문제에 즉각적인 영향을 미치고 있다. 하나는 평화의 문제이고 다른 하나는 서구의 부와 세계 인구 중 3분의 2가 겪는 빈곤 사이의 격차를 줄이는 평등화의 문제다.

현대인의 소외와 그것이 낳은 온갖 악영향은 이 문제들을 굉장히 풀기 어렵게 만들고 있다. 사물을 숭배하게 되었고 자기 자신 및 동료 인간의 삶에 대한 존중을 잃었기 때문에, 현대인은 도덕적인 원칙에만 눈을 감는 게 아니라 합리적인 사고에도 눈을 감는다. 심지어 자신의 생존이 걸린 문제에서도 그렇다. 핵무장이 전 인류의 파괴로 이어질 가능성이 크다는 것은 분명하고, 설령 핵전쟁은 막는다 하더라도 두려움과 의심의 분위기, 즉 자유와 민주주의가 살아남는 것을 불가능하게 만들 것이 틀림없는 분위기를 생성하게 되리라는 것 또한 분명하다. 가난한 나라와 부유한 나라 사이의 경제적 격차가 폭력적인 분쟁과 독재를 가져오게 되리라는 것도 분명하다. 하지만 가장 성의 없는, 따라서 가장 무용한 시도 외에는 이런 문제들에 대해 해법으로 나온 것이 없다. 신은 멸망시키려는 존재를 눈부터 멀게 만든다는 격언이 있는데, 어쩌면 그 격언을 입증하는 것이 우리 자신이 될지도 모른다.

이것이 이제까지 자본주의가 내놓은 기록이다. 그러면 사회주의의 기록은 어떤가? 사회주의는 그것이 시도된 나라들에서 무엇을 의도했고 무엇을 달성했는가?

마르크스주의적 형태와 그 밖의 많은 형태에서도 19세기 사회주의는 모든 이가 존엄한 인간적 존재로 살아갈 수 있는 물질적 조건을 만들려 했다. 자본이 노동을 이끌게 하기보다 노동이 자본의 방향을 설정하게 만들려 했다. 사회주의에서 노동과 자본은 단지 두 개의 경제적 범주가 아니었다. 노동과 자본은 두 개의 원칙을 의미했다. 하나는 자본, 즉 축적된 사물, **소유**의 원칙이고, 다른 하나는 노동, 즉 삶과 인간의 힘, **존재**하고 되어가는 것의 원칙이다. 사회주의자들은 자본주의 체제에서는 사물이 삶을 이끌고 **소유**가 **존재**보다 우위에 놓이며 과거가 현재를 이끈다는 것을 깨달았고, 그 관계를 뒤집고자 했다. 사회주의의 목적은 인간 해방이었다. 인간이 소외되거나 훼손되지 않고 다시 개인이 되기를, 인간이 동료 인간과, 또 자연과 새롭고 풍성하고 자생적인 관계에 들어갈 수 있기를 바랐다. 사회주의의 목적은 인간이 자신을 묶은 속박과 비현실과 허구를 벗어버리고, 느끼고 사고할 수 있는 자신의 힘을 사용해 스스로를 재창조할 수 있는 존재가 되게 하는 것이었다. 사회주의는 인간이 독립적이 되기를, 자신의 발로 설 수 있게 되기를 원했다. 마르크스가 말했듯이, 그것은 인간이 "자기 존재를 자기 자신에게 의존할 때만", 그가 "보고 듣고 냄새 맡고 맛보고 느끼고 사고하고 의지하고 사랑하는, 즉 세계와 맺는 모든 관계에서 전인격적 인간으로서 자신의 개인성을 긍정할 때만", 간단히 말해서, 인간이 "자신의 개인성의 모든 장기와 기관들을 긍정하고 표현할 때만" 가능하다고 보았다.* 사회주의의 목적은 인간과 인간, 인간과 자연의 융합이었다.

흔히 마르크스를 포함해 사회주의자들이 최대의 물질적 이득이 인간의 가장 근본적인 추동력이라고 주장했다고 이야기되지만, 이는 사실이 아니다. 오히려 사회주의자들은 자본주의 사회야말로 그것의 구조적 속성상 물질적 이해관계가 가장 근본적인 인간의 동기로 작용하게 만든다고 보았고, 사회주의에서는 비물질적인 동기가 영향력을 발휘해 인간을 물질적 이해관계의 노예 상태에서 해방시켜줄 수 있으리라 믿었다(사회주의를 '물질주의적[유물론적]'이라고 비난하면서 그와 동시에 '이윤 동기'만이 인간이 최선을 다하도록 동기부여할 수 있다고 주장하며 사회주의를 비판하는 사람들이 많은데, 인간이 얼마나 일관성을 결여할 수 있는지 보여주는 슬픈 대목이다).

사회주의의 목적은 획일성이 아니라 개인성이었다. 물질적 목적이 삶의 주요 관심사가 되게 하는 것이 아니라 경제적 속박으로부터 삶이 해방되게 하는 것이었다. 한 인간이 다른 인간을 조작하고 지배하는 것이 아니라 모든 인간 사이에 완전한 유대를 일구는 것이었다. 사회주의의 원칙은 인간 각자가 자신의 목적이며 다른 인간의 수단이 되어서는 결코 안 된다는 것이었다. 사회주의자들은 각 시민이 모든 의

---

* 카를 마르크스Karl Marx, 『경제학 · 철학 수고Ökonomisch-philosophische Manuskripte aus dem Jahre 1844』(1844).

사 결정에 적극적이고 책임 있게 참여하는 사회를 이룩하고
자 했다. 그리고 시민 각자가 사물이 아니라 인간이기 때문
에 참여할 수 있는 사회, 시민 각자가 인공적으로 합성된 의
견이 아닌 신념을 가지고 있는 존재이기 때문에 참여할 수
있는 사회를 만들고자 했다.

　사회주의에서는 빈곤만이 아니라 부도 악덕이다. 물질적
빈곤은 인간적으로 풍요로운 삶을 살 수 있는 토대를 박탈한
다. 물질적 부는 권력과 마찬가지로 인간을 타락시킨다. 물
질적 부는 균형 감각과 인간 존재에 내재되어 있는 한계들에
대한 감각을 파괴한다. 물질적 부는 개인에게 비현실적이고
거의 정상이라고 볼 수 없는 '고유성'의 느낌을 만들어낸다.
모든 동료 인간의 존재 조건, 그 동일한 기본적인 조건에 자
신만은 해당되지 않는다고 생각하게 만드는 것이다. 사회주
의는 물질적 안락함이 삶의 진정한 목적들을 위해 사용될 수
있게 하려 한다. 사회주의는 개인의 부를 사회에 대한 위험
이자 개인 자체에 대한 위험으로 여겨 거부한다. 기본적으로
사회주의가 자본주의에 반대하는 지점이 바로 여기다. 자본
주의는 체제 자체의 논리에 의해 물질적 부의 계속적인 증대
를 목표로 한다. 반면 사회주의는 인간의 생산성, 생명력, 행
복의 계속적인 증대를 목표보 하며 물질적 안락은 인간적인
목적들을 위한 수단으로서 필요한 만큼만 사용되게 하고자

한다.

사회주의는 종국적으로 국가가 철폐되기를, 그래서 인간이 아니라 사물만이 관리되는 사회가 되기를 희망했다. 사회주의는 개개인의 자유와 주도권이 회복될 계급 없는 사회를 꿈꿨다. 19세기와 1차 대전 시작 무렵까지만 해도 사회주의는 유럽과 미국에서 가장 유의미하고 중요한 인본주의적이며 영적인 운동이었다.

그 이후에 사회주의는 어떻게 되었는가?

사회주의는 자신이 대체하고자 했던 자본주의의 정신에 굴복했다. 사회주의의 추종자와 적 모두가 사회주의를 인간해방을 위한 운동으로 보지 않고 노동자 계급의 경제적 여건 향상을 위한 운동으로만 생각했다. 인본주의적 사회주의의 목적은 잊었거나 립서비스로만 남았고, 자본주의에서와 마찬가지로 모든 강조점은 경제적 이득이라는 목적으로만 집중되었다. 민주주의의 이상이 영혼의 뿌리를 잃었듯이 사회주의 사상도 자신의 가장 깊은 뿌리, 즉 정의와 형제애에 대한 예언자적이고 메시아적인 신념을 잃었다.

그리하여 노동자들에게 사회주의는 자본주의를 초월하는 수단이 아니라 자본주의적 구조 **안에서** 자신의 자리를 획득하려는 수단이 되었다. 사회주의는 자본주의를 변혁하기는커녕 자본주의의 정신에 흡수되었다. 사회주의 운동의 실패는 1914년에 지도자들이 국제적 연대라는 원칙을 폐기하고 자기 나라의 경제적, 군사적 이해관계를 추구하면서 사회주의 프로그램의 원래 목적이었던 국제주의와 평화의 개념을 저버리는 것으로 완결되었다.[*]

사회주의 운동 진영의 우파와 좌파 모두 사회주의를 순전히 생산수단의 국유화를 주된 목적으로 삼는 경제 운동으로만 이해하는 잘못을 저질렀다. 유럽의 사회주의적 개혁가들은 자신의 주된 목적이 자본주의 체제 안에서 노동자의 경제적 지위를 올리는 것이라고 생각했고 몇몇 거대 산업의 국유화가 가장 급진적인 조치라고 생각했다. 최근에서야 많은 이들이 기업의 국유화만으로는 사회주의가 실현될 수 없다는 것을, 그리고 공적으로 지명된 관료들이 관리하는 것이나 사적으로 지명된 관료들이 관리하는 것이나 노동자들에게는 기본적으로 그다지 차이가 없다는 것을 깨닫기 시작했다.

소비에트의 공산당 지도자들도 사회주의를 경제적인 측면으로만 이해했다. 서구 유럽보다 경제 발달 수준이 훨씬 낮은데다 민주적 전통이 없었던지라, 자본의 빠른 축적을 위해 공포정치와 독재에 의존했다. 이것은 서구 유럽에서 19세

---

[*] 1914년에 1차 대전이 발발했고 유럽 각국의 사회주의자들은 국제주의 원칙에서 국수주의로 회귀했다.

기에 벌어졌던 일이다. 소비에트는 새로운 형태의 국가자본주의를 만들었고, 이것은 경제적으로는 성공적이었으나 인간적으로는 파괴적이었다. 그들은 관료주의적으로 관리되는 사회를 만들었고 이 사회에서 계급 구분은 경제적인 면으로 보나 대중에게 명령을 내리는 권력의 면에서 보나 오늘날 어느 자본주의 사회에서보다 더 뿌리 깊고 경직적인 것이 되었다. 그들은 전체 경제가 국유화되었다는 의미에서 자신의 체제를 사회주의라고 부르지만 사실 그들의 체제는 사회주의의 정신을 완전하게 말살했다. 사회주의의 정신은 개인성을 긍정하고 개인의 온전한 발달을 지원하는 것이어야 한다. 자본의 빠른 축적을 위해 견디기 어려운 희생을 해야 했던 대중의 지지를 얻기 위해, 그들은 사회주의 이데올로기에 민족주의 이데올로기를 결합했고 이것을 이용해 피지배 대중의 마지못한 협력을 짜냈다.

이제까지는 자유기업 체제가 공산주의 체제보다 우월했는데, 이는 현대인의 가장 위대한 성취 중 하나, 바로 정치적 자유가 보존된 덕분이었다. 정치적 자유와 함께 우리를 근본적으로 인본주의적 영적 전통과 연결해주는 인간의 존엄과 개인성이 존중되었다. 그래서 비판의 가능성이 허용되었고 건설적인 사회 변화를 제안할 수도 있었다. 소비에트 경찰국가에서는 이것이 실질적으로 불가능하다. 그러나 미국이나 유럽과 동일한 수준의 경제적 발달을 이루고 나면, 즉 안락한 삶에 필요한 수요를 만족시키고 나면 소비에트 국가들도 더 이상 공포정치가 필요 없을 것이다. 그러면 아마도 현재 서구에서 쓰이는 것과 같은 조작의 기술, 암시와 설득의 기술을 이용할 것이다. 이러한 발전 과정에 의해 20세기 자본주의와 20세기 사회주의는 수렴하게 될 것이다. 양 체제 모두 산업화에 토대를 둔다. 양 체제 모두 경제적 효율성과 부의 지속적인 증대를 목적으로 한다. 양 체제 모두 관료 집단과 전문 정치인들이 관리하고 운영하는 사회다. 양 체제 모두 완전히 물질주의적인 전망을 갖는 사회이며, 서구에서 아무리 기독교 이데올로기를 말하고 동구에서 아무리 세속적 메시아주의를 말해도 이는 립서비스에 불과하다. 양 체제 모두 대중을 거대 공장과 거대 정치 정당이라는 중앙 집중화된 시스템으로 조직한다. 양 체제 모두 이 길을 계속 간다면 소외된 대중 인간(잘 먹고 잘 입고 오락거리도 충분히 제공받지만 자동인형처럼 되어버린 채로 그들만큼이나 목적을 결여한 관료들에게 지배받는 인간)이 창의적이고 느끼고 사고하는 인간을 대체하게 될 것이다. **사물**이 우선이 되고 인간은 죽을 것이다. 아무리 자유와 개인성을 **말한다 해도** 이미 인간은 아무것도 아닌 **존재**일 것이다.

　지금 우리는 어디에 와 있는가?

자본주의와 천박해지고 왜곡된 사회주의 모두 인간을 비인간화된 자동인형이 될 위험으로 몰아넣었다. 인간은 제정신을 잃어가고 있으며 완전한 자기 파괴의 지점에 놓여 있다. 자신의 위치와 그 위치가 직면한 위험에 대해, 그리고 인간의 자유, 존엄, 창조성, 이성, 정의, 연대 같은 목적을 실현할 수 있는 새로운 삶의 비전에 대해 완전히 알아야만, 우리는 부패, 자유의 상실, 그리고 파괴를 향한 거의 확실했던 경로로부터 우리를 구할 수 있을 것이다. 우리의 선택지에는 관리적인 자유기업 체제와 관리적인 공산주의 체제만 있는 것이 아니다. 세 번째 해법이 존재한다. 민주적이고 인본주의적인 사회주의, 즉 원래의 사회주의 원칙에 기초한 사회주의가 진정으로 인간적인 새로운 사회의 비전을 제공해줄 수 있다.

4장

인본주의적
사회주의

자본주의, 공산주의, 그리고 인본주의적 사회주의에 대한 일반적인 분석에 기초해서 사회주의 프로그램은 다음의 세 가지 측면을 구분해야 한다. 사회주의 정당의 사상에서 기저를 이루는 **원칙들**은 무엇인가? 사회주의가 궁극적으로 실현하고자 하는 목적에 닿기 위해 인본주의적 사회주의가 추구해야 할 **중간적 목표들**은 무엇인가? 중간적 목표들이 달성되기 전까지 사회주의자들이 당장 추구해야 할 **단기적 목표들**은 무엇인가?

첫째, 인본주의적 사회주의 사상의 기저를 이루는 **원칙들**은 무엇인가? 모든 사회경제 시스템은 **사물과 제도의** 관계에 대한 시스템일 뿐 아니라 **인간관계에** 대한 시스템이기도 하다. 사회주의의 모든 개념과 실천은 그것을 통해 우리가 도달하게 될 인간들 사이의 관계가 어떤 종류일 것인가와 관련해 검토되어야 한다.

모든 사회경제적 시스템의 최종적인 가치는 인간이다. 사회의 목표는 인간의 잠재력, 이성, 사랑, 창조성이 온전하게 발달될 수 있는 조건을 만드는 것이다. 모든 사회적 시스템의 구성 양상은 인간의 소외와 훼손을 극복하는 방향을 향해야 하며, 인간이 진정한 자유와 개인성을 달성할 수 있게 하는 것이어야 한다. 사회주의의 목적은 각 개인이 온전하게 발달할 수 있는 조건이 곧 모두가 온전하게 발달할 수 있는 조건이 되는 연합을 만드는 것이다.

사회주의의 최고 원리는 인간이 사물보다, 생명이 재산보다, 따라서 노동이 자본보다 앞서야 한다는 것, 권력이 소유가 아니라 창조를 따라야 한다는 것, 인간이 상황의 지배를 받는 것이 아니라 상황이 인간의 지배를 받아야 한다는 것이다.

인간 사이의 관계에 있어서, 모든 인간은 그 자신이 목적이며 다른 이의 목적을 위한 수단이 되어서는 절대로 안 된다. 이 원칙에서 누구도 자본을 소유했다는 이유로 다른 개인을 종속시켜서는 안 된다는 원칙 또한 도출된다.

인본주의적 사회주의는 인류의 화합과 모든 인간의 연대에 대한 확신에 뿌리를 둔다. 인본주의적 사회주의는 모든 종류의 국가, 민족, 계급에 대한 숭배에 맞서 투쟁한다. 인간이 바치는 최고의 충성은 인류를 향해야 하고 인본주의의 도덕 원칙을 향해야 한다. 인본주의적 사회주의는 서구 문명이

지어진 토대였던 가치와 사상을 되살리기 위해 분투한다.

　인본주의적 사회주의는 어떤 형태의 전쟁과 폭력에도 철저히 반대한다. 정치적, 사회적 문제를 무력과 폭력으로 해결하려는 모든 시도를 무용할 뿐 아니라 비도덕적이고 비인간적인 것으로 여기며, 따라서 군사적 증강으로 안보를 달성하려는 모든 시도와 정책에 타협 없이 반대한다. 인본주의적 사회주의는 평화를 단지 전쟁의 부재로서만이 아니라 공공선을 위해 모든 인간이 자유롭게 협력하는 데 기초를 둔 인간관계의 긍정적인 원칙으로서 여긴다.

　사회주의 원칙에 따르면 사회의 각 구성원은 동료 시민뿐 아니라 세계의 모든 시민들에 대해 책임을 느껴야 함이 자명하다. 인류의 3분의 2가 몹시 불균등한 빈곤을 겪고 있는 불의는 이제까지 부유한 나라가 저개발국이 인간적으로 만족할 수 있는 경제적 수준에 도달할 수 있게 돕고자 쏟았던 노력들보다 현저하게 높은 수준의 지원을 통해 해소되어야 한다.

　인본주의적 사회주의는 자유를 지지한다. 두려움, 결핍, 억압, 폭력으로부터의 자유를 지지한다. 그런데 자유는 무엇으로**부터의** 자유이기도 하지만 무엇을 **향한** 자유이기도 하다. 자신과 관련된 모든 의사 결정에 적극적이고 책임 있는 주체로서 참여하고자 하는 자유, 개인의 인간적인 잠재력을 가능한 한 완전한 수준으로 개발하고자 하는 자유이기도 한 것이다.

생산과 소비는 인간의 발달이라는 필요에 종속되어야 하며 그 반대여서는 안 된다. 모든 생산은 일부 개인이나 일부 기업의 물질적 이윤에 의해서가 아니라 사회적 유용성의 원칙에 의해 방향이 잡혀야 한다. 따라서 한편에는 더 많은 생산, 다른 한편에는 더 많은 자유와 인간의 성장을 놓고 선택을 내려야 한다면, 물질적 가치가 아니라 인간적 가치가 선택되어야 한다.

사회주의적 산업주의에서는 **경제적** 생산성이 아니라 **인간적** 생산성을 가장 높은 수준으로 달성하는 것이 목적이다. 이는 노동과 여가 모두에서 인간이 자신의 에너지를 가장 많이 쓰는 방식이 그에게 유의미하고 흥미로운 방식이어야 한다는 의미다. 그 방식은 지적, 정서적, 예술적인 역량을 포함해 그의 인간적인 역량 **모두**의 발달을 돕고 자극할 수 있는 것이어야 한다.

인간답게 살기 위해 기본적인 물질적 필요는 충족되어야 하지만 소비 자체가 목적이 되어서는 안 된다. 이윤을 위해 인위적으로 물질적 욕구를 자극하려는 모든 시도는 막아야 한다. 물질적 자원의 낭비와 '소비를 위한 소비'라는 무의미한 소비는 성숙한 인간 발달에 해가 된다.

인본주의적 사회주의는 인간이 자본을 지배하는 시스템이지 자본이 인간을 지배하는 시스템이 아니다. 가능한 한 인간이 자신의 상황을 지배하는 시스템이지 상황이 인간을 지배하는 시스템이 아니다. 무엇을 생산하고 싶은지를 사회 구성원이 결정하는 시스템이지 내재적으로 이윤 극대화 욕구를 가지고 있는 시장과 자본의 비인격적 요인을 따라 생산이 이뤄지는 시스템이 아니다.

인본주의적 사회주의는 민주적 과정을 정치 영역을 넘어 경제 영역으로도 확장한 것이다. 즉 이것은 정치적인 민주주의이자 산업적인 민주주의다. 이것은 시민들이 정보를 잘 갖추고서 자신에게 영향을 미치는 모든 의사 결정에 참여하는 정치적 민주주의의 본래적 의미를 복원하는 것이다.

민주주의를 경제 영역으로 확장한다는 것은 모든 경제활동을 노동자, 엔지니어, 행정가 등 모든 참여자가 민주적으로 통제한다는 것을 의미한다. 인본주의적 사회주의는 법적 소유권보다는 거대하고 강력한 산업 조직에 대한 사회적 통제에 관심을 기울인다. 이윤 추구라는 자본의 이해관계를 대표하면서 [생산하고 소비하는 사람들에 대해] 책임을 지지 않는 관료제적 경영자들은 생산하고 소비하는 사람들에 의해 통제되고 그들을 위해 행동하는 경영자들로 대체되어야 한다.

인본주의적 사회주의의 목적은 산업화된 사회에서의 조정 작용에 필요한 최소한의 중앙 집중화를 이루는 한에서 최대한의 탈중심화를 이루어야만 달성할 수 있다. 중앙 집중적인 국가의 기능은 최소한으로 줄어들어야 하며, 자유롭게 자발적으로 협동하는 시민들의 활동이 사회적 삶의 중심 메커니즘이 되어야 한다.

인본주의적 사회주의의 기본적인 일반 목적은 모든 나라에서 동일하지만, 각 나라는 자신의 역사적, 현재적 상황에 맞는 구체적인 목적들을 만들고 그것을 달성하기 위한 자신의 방법을 찾아야 한다. 사회주의 국가들 사이의 상호 연대는 어떤 나라가 자신의 방법을 다른 나라에 강요하려 하는 모든 시도를 배격하는 것이어야 한다. 마찬가지 의미에서, 사회주의 사상의 아버지들이 쓴 글들도 다른 이들에게 권위를 행사하기 위해 사용하는 성스러운 경전이 되어서는 안 된다. 하지만 글에 담긴 정신은 사회주의자들의 마음속에 계속 살아 있으면서 그들의 사고에 지침을 주어야 한다.

인본주의적 사회주의는 합리적인 조건에서 인간 본성이 작동할 때 자발적이고 논리적으로 나오는 자연스러운 결과다. 이것은 인류의 인본주의적 전통에 뿌리를 둔 민주주의가 산업사회의 조건에서 실현된 것이다. 이것은 물리적 강압도, 또 최면적인 암시로 사람들을 무의식적으로 복종하게 만드는 종류의 강압도 없는 사회체제다. 이것은 인간의 이성에, 그리고 더 인간적이고 유의미하며 풍성한 삶을 향한 인간의 열망에 호소해야만 달성될 수 있다. 이것은 진정으로 인간적인 사회, 삶을 풍성하게 하고 개인의 잠재력이 펼쳐질 수 있게 하는 것을 주된 목표로 삼는 사회, 경제학의 범위는 더 인간적으로 풍요로운 삶을 위한 수단으로서의 역할로만 합당하게 한정된 사회를 인간이 지을 수 있다는 믿음에 바탕을 둔다.

인본주의적 사회주의의 목적을 논함에 있어서, 시민들의 자유로운 협력에 토대를 두고 중앙 집중적인 국가의 행동을 최소한으로 줄인 사회라는 **최종** 목적과 이에 도달하기 전에 이뤄야 할 **중간 단계**의 사회주의적 목표를 구분해야 한다. 현재의 중앙 집중적인 국가에서 완전하게 탈중심화된 사회 형태로 이행하려면 과도기가 필요하며 과도기에는 몇몇 중앙 계획과 국가의 개입이 불가피하다. 그러한 중앙 계획과 국가 개입이 관료주의를 심화하고 개인의 통합과 주도권을 약화하게 될 위험을 피하려면 1) 국가가 실질적으로 시민의 통제 아래 있어야 하고, 2) 기업의 사회적, 정치적 권력이 깨뜨려져야 하며, 3) 탈중심적이고 자발적인 연합의 형태로 이뤄지는 모든 생산과 교역, 그리고 지역에서의 사회적, 문화적 활동들은 모두 [과도기가 끝난 다음에 시작하는 것이 아니라] 처음부터 촉진되어야 한다.

사회주의의 최종 목적을 향한 구체적이고 상세한 계획을 지금 당장 만드는 것은 불가능하지만, 사회주의적인 사회를 위한 중간적인 목표들을 임시로 정식화해보는 것은 가능하다. 하지만 중간 목표들에 대한 것이라 해도 그것들을 가장 명료하고 구체적으로 정식화하려면 오랜 시간 동안 많은 연구와 조사가 필요할 것이고 가장 뛰어난 두뇌와 마음이 그 일에 헌신해야 할 것이다.

법적 소유가 아니라 사회적 통제를 따르는 것이 사회주의의 본질적인 원칙이라는 점에 비추어볼 때, 첫 번째 중간 목표는 기업의 경영관리자가 노동자, 사무직원, 엔지니어 등 모든 구성원에 의해 지명을 받고 그들에게 완전하게 통제되도록, 그리고 노조와 소비자 대표가 참여할 수 있도록 모든 거대 기업의 구조와 속성을 바꾸는 것이다. 이들이 모든 거대 기업에서 최고 의사 결정 권한을 가져야 한다. 즉 생산, 가격, 이윤의 사용 등에 대한 기본적인 의사 결정은 모두 이들이 내려야 한다. 주주는 자신의 자본이 사용되는 것에 대해 적절한 보상을 받겠지만 기업 활동을 통제하고 관리할 권리는 갖지 않을 것이다.

기업의 자율성은 생산이 사회적 목적에 복무하게 만드는 데 필요한 만큼 중앙 계획에 의해 제약을 받을 것이다.

소규모 기업들은 협동조합 기반으로 경영되어야 하며 조세 등의 수단으로 육성되어야 한다. 협동조합 기반으로 경영되지 않을 경우, 참여자들은 수익의 분배나 경영 참여 등에 소유자와 동등한 위치에서 결정권을 가져야 한다.

사회 전체에 중요한 산업들, 가령 석유, 은행, 텔레비전, 라디오, 의약, 교통 등은 국유화되어야 한다. 하지만 국유화된 산업의 행정과 경영도 구성원, 노조, 소비자에 의해 실질적으로 통제되어야 한다는 동일한 원칙하에 이뤄져야 한다.

사회적으로 필요하지만 현재의 생산이 적절하지 않은 모든 영역에서 사회는 필요분을 충족시키기 위해 기업에 재정 지원을 해야 한다.

개인은 두려움으로부터 보호받아야 하고 다른 이의 억압에 복종해야만 하는 상황으로부터 보호받아야 한다. 이를 위해 사회는 인간이 존재하는 데 기본적으로 필요한 의식주를 모두에게 무상 제공해야 한다. 그것보다 높은 수준의 물질적 안락을 원하는 사람은 자신의 노동으로 그것을 얻어야 하겠지만 기본적인 필요의 충족은 누구에게나 보장될 것이고, 따라서 누구도 직간접적인 물질적 강압을 통해 다른 이의 위에 군림할 권력을 가지지 못할 것이다.

사회주의는 개인이 사용을 위해 보유하는 사유재산을 철폐하지 않는다. 소득을 완전히 평준화하자고 요구하지도 않는다. 소득은 노력 및 재능과 연계되어야 한다. 하지만 소득의 차이가 누군가의 삶의 경험이 다른 누군가에게는 도저히 공유되지 못해 완전히 낯선 것이 될 만큼의 간극을 만들 정도로 막대한 물질적 삶의 차이를 가져와서는 안 된다.

정치적 민주주의의 원칙은 20세기의 현실에 부응해 적용되어야 한다. 우리의 통신 기술과 전산 기술을 생각할 때, 현대 대중사회에 주민 회의를 재도입하는 것은 이론상으로 가능하다. 어떤 형태로 실현할 수 있을지에 대해서는 물론 연구와 실험이 필요할 것이다. 아마도 수십만의 소규모 대면 집단들(일터나 거주지를 중심으로 조직될 수 있을 것이다)이 새로운 유형의 하원을 구성하는 식이 될 수 있지 않을까? 이들이 선출직 의원들이 있는 중앙 의회와 소통하면서 의사 결정을 하는 것이다. 탈중심화는 사회 전체의 삶을 규율하는 근본 원칙들을 벗어나지 않는 한에서 의사 결정을 소규모로 그리고 지역적인 수준에서 거주자의 손에 최대한 맡기고자 노력해야 함을 의미한다. 하지만 우리가 어떤 형태를 찾아내든 간에 (최면과 암시로 통제되는 로봇화된 대중이 아니라) 정보를 바탕으로 책임 있게 참여하는 시민들이 자신의 의지를 표현하는 과정으로서의 민주적 과정을 지어야 한다는 것이 늘 본질적인 원칙이어야 한다.

정치적 의사 결정만이 아니라 모든 의사 결정과 사회 시스템의 구성에서 자유를 회복하려면 관료제의 강력한 통제를 깨뜨려야 한다. 하향식으로 흘러 내려오는 의사 결정 외에 삶의 모든 영역에서 풀뿌리 활동들이 발달해야 하고 그것들이 아래에서 꼭대기까지 '흘러 올라갈' 수도 있어야 한다. 노조로 조직화된 노동자들, 소비자 단체로 조직화된 소비자들, 앞에서 언급한 대면 기반의 소규모 정치 단위로 조직화된 시민들은 항시적으로 중앙 당국과 소통해야 한다. 이 소통은 풀뿌리로부터 새로운 조치, 법, 조항이 제안되고 투표를 통해 결정될 수 있는 방식으로 이뤄져야 하며, 모든 선출된 대표가 지속적으로 비판적인 평가를 받고 필요하다면 소환도 될 수 있는 방식으로 이뤄져야 한다.

[국제 관계에 있어서] 사회주의의 기본 원칙에 의거할 때 사회주의의 목적은 국가 주권과 모든 종류의 군사력을 철폐하고 [공동선을 위해 협업하는] 자율적인 국가와 민족으로 구성된 연방체를 건설하는 것이어야 한다.

교육 영역에 있어서 사회주의의 주요 목표는 개인의 비판적인 힘을 키우고 개성이 창조적으로 표현될 수 있는 토대를 제공하는 것이다. 다른 이의 이윤과 즐거움을 위한 최면적 암시와 조작에 이용당하거나 착취당하지 않는 자유로운 개인을 양성하는 것이다. 지식은 단순히 정보들을 모아놓은 것이어서는 안 된다. 지식은 물질적 과정과 인간적 과정을 결정하는 기저의 요인들을 이해하기 위한 합리적인 수단이어야 한다. 교육은 이성뿐 아니라 예술도 포함해야 한다. 자본주의는 소외를 일으키면서 인간의 과학적 이해와 예술적 인식을 분리했으며 둘 다를 훼손했다. 사회주의적 교육의 목적은 완전하고 자유롭게 둘 다 실행할 수 있도록 인간을 회복시키는 것이다. 사회주의적 교육은 물질적인 재화의 생산과정에서뿐 아니라 삶을 즐기는 과정에서도 인간을 단지 지적인 구경꾼이 아니라 역량과 수단을 잘 갖춘 참여자로 만들고자 한다. 소외된 형태의 지식을 육성하게 될 위험을 상쇄하려면 초중등 교육에서 이론과 사실에 대한 지식을 가르치는 교육은 신체적인 노동과 창조적인 예술에 대한 교육으로, 그리고 그 둘을 장인적으로 결합하는 교육(유용한 예술적 물건을 만들어보는 것)으로 보완되어야 한다. 모든 청소년은 무언가 가치 있는 것을 자신의 손으로 직접 만드는 경험을 해보아야 한다.

권력과 착취에 기반한 불합리한 권위는 자유방임이 아니라 지식과 기술의 탁월함에 기반한 권위로 대체되어야 한다. 물론 새로운 권위가 두려움, 위협 혹은 최면에 기댄 것이어서는 안 된다. 사회주의적인 교육은 합리적 권위라는 새로운 개념에 도달해야 한다. 이것은 불합리한 권위주의와도, 원칙 없는 자유방임적 태도와도 다르다.

교육은 유년기와 청소년기로만 한정되지 말아야 하며 현재 존재하는 성인 교육은 크게 확대되어야 한다. 모든 사람이 살아가면서 어느 시기에라도 직업을 바꿀 수 있게 하는 것이 중요하다. 이것은 최소한의 물질적인 필요가 사회에 의해 보장된다면 가능할 것이다.

문화 활동은 지적인 교육을 제공하는 것으로만 한정되어서는 안 된다. 모든 형태의 예술적인 표현(음악, 춤, 연극, 그림, 조각, 건축 등)은 인간이 진정으로 인간적인 발달을 하는 데 무엇보다 중요하다. 상대적으로 중요도가 낮은 소비자로서의 만족을 다소 희생시키게 되더라도 사회는 예술적인 활동을 위한 방대한 프로그램과 유용하면서도 아름다운 건물과 구조물을 만드는 프로그램에 상당한 자원과 수단을 투여해야 한다. 하지만 사회적으로 책임을 다하는 예술이 관료적인 '국가' 예술이 되는 것을 막으려면 예술가의 창조성과 의지를 보존하기 위한 노력이 엄청나게 필요할 것이다. 예술가가 사회에 요구하는 합당한 주장과 사회가 예술가에게 요구하는 합당한 주장 사이에 건전한 균형이 이뤄져야 한다. 사회주의는 예술 영역에서 생산자와 소비자의 간극을 좁히고자 하며, 모든 개인의 창조적인 잠재력이 육성되는 최적의 조건이 만들어질 수 있는 한 궁극적으로 그 구분을 없애고자 한다. 하지만 미리 정해진 패턴을 고집하려 들어서는 안 되며, 이제까지보다 훨씬 더 많은 연구가 필요한 문제임을 모두가 인식해야 한다.

인종 간, 성별 간의 완전한 평등은 사회주의에서 당연한 일이 되어야 한다. 여기에서 평등은 동질성을 말하는 것이 아니다. 각 인종과 민족 집단의 고유한 재능과 능력이 온전하게 발달될 수 있게 허용하는 것도 평등에 포함된다. 양성 간에도 마찬가지다.

종교 활동의 자유는 보장되어야 하며, 국가와 교회는 완전하게 분리되어야 한다.

상기 강령들은 사회주의의 목적과 원칙의 방향을 잡아주는 지침의 기능을 해야 한다. 이것을 구체적이고 상세한 계획으로 만들려면 아주 많은 연구와 논의가 필요할 것이다. 이런 논의를 진행해 구체적이고 상세한 제안들을 만드는 것은 사회주의 정당이 수행해야 할 가장 중요한 임무 중 하나다. 이러한 논의에는 실증적인 경험과 사회과학적 이론에서 최대한 모든 자료를 불러와 검토하는 것이 필요하다. 무엇보다 여기에는 낡고 뻔한 사고의 답습이 아니라 새로운 가능성을 보려는 상상력과 용기가 필요하다.

한편, 미국 인구 대다수가 사회주의의 원칙과 목표에 확신을 갖기까지는 상당한 시간이 걸릴 것이다. 그렇다면 그동안 사회주의 정당은 어떤 임무를 가지고 어떤 기능을 해야 하는가?

SP-SDF(사회당-사회민주연합)•는 자신의 구조와 활동에 자신

• 사회적, 정치적 현상들의 정신적 차원에 대해 고찰했던 프롬은 한동안 미국 사회당 지지자였다.

이 지지하는 정신이 담지되도록 해야 한다. 미래에 사회주의를 달성하고자 노력하는 것은 물론이고, 거기까지 이르는 과정에서도 사회주의를 즉각 실천하기 시작해야 한다. 따라서 SP-SDF는 자신의 프로그램을 불합리한 감정이나 최면적인 암시, 혹은 '매력적인 인물'로 사람들에게 호소하려 하지 말고, 인간의 조건에 대한 경제적·사회적·정치적 분석의 통찰성, 정확성, 현실성에 호소해야 한다. SP-SDF는 미국의 도덕적·지적 양심이 되어 자신의 분석과 판단을 가능한 한 많은 사람들에게 알려야 한다.

SP-SDF의 활동은 최적의 탈중심화, 그리고 의사 결정과 토론에서 구성원들의 책임 있고 적극적인 참여를 원칙으로 삼아야 한다. 소수의 의견도 온전히 표현되고 드러나야 한다. 사회주의 프로그램은 고정된 계획일 수 없으며 당원들의 지속적인 행동, 노력, 고민을 통해 성장하고 발달해가는 것이어야 한다.

따라서 SP-SDF는 이상과 프로그램에서만이 아니라 정당의 구조와 기능에서도 다른 정치 정당과는 달라야 한다. SP-SDF는 인본주의적인 현실주의와 올바른 정신으로, 그리고 인류와 인류의 미래에 대한 공통된 신념과 관심으로 연합한 모든 구성원에게 영적이고 사회적인 고향이 되어야 한다.

SP-SDF는 노동자, 학생, 전문가, 그리고 사회주의적인 비판과 이상을 이해할 잠재력이 있는 모든 사회 계급 구성원에게 광범위한 교육 운동을 펼쳐야 한다.

SP-SDF는 단기적인 승리를 기대해서는 안 된다. 하지만 최대한 폭넓은 사회적 영향력과 권력을 목표로 삼지 말아야 한다는 이야기는 아니다. SP-SDF는 SP-SDF라는 정당을 통해 자신의 목소리가 미국과 전 세계에서 들릴 수 있게 하려는 사람들의 지지를 더욱더 많이 획득해야 한다.

SP-SDF는 인본주의적 사회주의 전통에 뿌리를 둔다. SP-SDF는 전통적인 사회주의의 목적을 20세기 사회의 조건에 맞게 적용해 실현하고자 한다. 특히 SP-SDF는 무력으로 혹은 모종의 독재 체제를 통해 목적을 달성하려 하는 것을 거부한다. SP-SDF의 무기는, 그것의 사상이 가진 현실성, 그것이 인간의 진정한 필요에 호소한다는 사실, 그리고 오늘날 대중의 마음을 가득 채우고 있는 허구와 기망을 꿰뚫어 보면서 더 풍성하고 온전한 삶을 믿는 시민들이 그것에 보내주는 열정적인 지지와 신뢰뿐이다.

SP-SDF의 구성원들이 공동의 이상을 믿는 것만으로는 충분하지 않다. 행동으로 번역되지 않으면 믿음은 공허하고 무용해진다. 정당 활동은 모든 구성원이 자신의 우려와 관심사를 유의미하고 즉각적인 행동으로 바꿔낼 수 있는 가능성을 다양하고 풍성하게 제공할 수 있게끔 조직되어야 한다. 어떻게 하면 이것이 가능할까?

　분명히 이해해야 할 것은 사회주의의 기본적인 목적들, 특히 거대 기업의 경영에 노조, 소비자 대표 등이 참여하게 하고 민주적 과정을 재활성화하는 것, 또 모두에게 인간적으로 존엄하게 존재하는 데 필요한 최소한의 물질적 조건을 보장하는 것은 세부 사항을 정하기가 극히 어렵고 복잡한 문제들이라는 점이다. 해법을 찾는 데는 경제학, 노동조직, 심리학 등의 이론적인 연구, 그리고 현실적인 계획과 실험이 필요하다. 과학의 문제들에 해법을 찾기 위해 자연과학자들과 공학자들이 가지고 임하는 만큼의 상상력과 신념을 사회문제들의 해법을 찾는 노력에도 가지고 임한다면, 우리는 해법을 찾을 수 있을 것이다. 20년 전에 우주여행이 그랬듯이 지금으로서는 환상에서나 가능한 일로 보일 수 있겠지만, 그렇더라도 정상적이고 인간적인 사회조직을 만들기 위한 해법을 찾는 것의 어려움이 자연과학(이론이든 응용이든) 분야에서의 어려움보다 더 크지는 않을 것이다.

　그렇다면, 첫 번째 임무는 사회주의자들이 각자의 활동 영역에서 '응용 사회주의'*를 연구하고 사회주의적 해법에 대한 자신의 경험과 제안을 자신이 속한 SP-SDF 단위에서 논의

---

*　강조 표시는 옮긴이가 추가한 것이다.

하고 토론하는 것이 되어야 할 터이다. 더불어 이러한 소단 위의 집단 활동을 보완하기 위해 상설 위원회들을 두어 제반 문제에 대해 연구 조사를 진행해야 할 것이다. 상설 위원회들은 경제학, 사회학, 심리학, 외교학 등의 전문가들로 구성되어야 한다. 상설 연구 위원회와 실무 단위는 긴밀하게 연계하여 생각과 경험을 교류하고 서로를 자극해야 한다.

SP-SDF 구성원의 행동은 창의적인 사고와 계획 수립에만 한정되지 않는다. 이를 넘어 즉각적이고 구체적인 실천도 필요하다. 모든 구성원은 공장, 사무실, 학교, 실험실, 병원 등 어디서든 자신이 일하는 곳에서 사회주의적인 방식을 드러내야 한다. 각 구성원은 문제에 접근하는 자신의 방식을 드러내고 서로에게 자극을 주어야 한다. SP-SDF 구성원 중 노조원들은 노조의 활동을 더욱 키우고 더 많은 사람들이 노조 활동에 참여하도록 적극적으로 독려해야 한다. 노조의 안과 밖 모두에서 탈중심적인 경향, 적극적인 풀뿌리 운동의 경향, 그리고 모든 형태의 관료주의에 대한 저항은 어떤 것이건 지지되어야 한다.

SP-SDF는 인간적인 사회를 만들고자 하는 데 진심으로 관심이 있는 사람들, 그리고 그 관심을 바탕으로 이를 실현하는 활동에 실제로 나서고 그에 필요한 시간과 돈을 기꺼이 지출하려 하는 사람들을 끌어들이고자 한다.

SP-SDF는 근본적인 목적을 늘 중심에 두겠지만 우리 사회가 발달해나가는 데 필요한 즉각적인 정치적 목적을 진전시키는 데도 앞장서 참여할 것이다. 진심으로 동일한 목적을 위해 노력한다면 어떤 정치집단이나 개인과도 협력할 것이다. 그런 목적에는 특히 다음과 같은 것들이 포함될 것이다.

- 주어진 정치 상황의 현실적인 파악에 기초한 올바른 외교정책. 합리적인 타협을 추구하고, 전쟁은 양 진영 모두 현재의 경제적·정치적 위치를 인정하고 그것을 무력으로 바꾸려는 시도를 포기해야만 막을 수 있음을 인정하는 정책이 추진되어야 한다.

- 군사적 증강을 통해 안전과 안보가 지켜질 수 있다는 개념에 대한 투쟁. 총체적인 파괴를 막는 유일한 길은 전면적인 군비축소다. 이는 군축 협상이 진정한 군축을 회피하기 위한 방편으로 이뤄져서는 안 되며 군축을 시도하는 과정에서 위험을 감수할 의지가 있어야 한다는 것을 의미한다.

- 현재보다 막대하게 큰 규모의 저개발국 경제원조 프로그램. 여기에는 부유한 나라 시민들 쪽에서 상당한 비용을 감수하는 것이 필요하다. 우리는 미국의 해외 자본 투자와 관련된 이해관계에 복무하는 정책을 지지하지 않으며, 작은 나라들의 독립성을 간접적으로 교란하는 정책에도 반대한다.

• 유엔의 강화 및 국제분쟁 해결과 대규모 해외 원조를 위해 유엔을 활용하는 모든 노력의 강화.

• 부유한 나라에서 아직 대다수의 물질적 생활수준에 못 미치는 이들의 생활수준을 높일 수 있는 모든 조치에 대한 지지. 여기에는 경제적 요인으로 인한 빈곤만이 아니라 지역적·인종적 요인으로 인한 빈곤도 고려되어야 한다.

• 풀뿌리 행동과 탈중심화를 향해 이뤄지는 모든 노력에 대한 지지. 여기에는 기업, 정부, 노조 관료의 무책임한 권력을 억제하는 것도 포함된다.

• 실업, 질병, 노령으로 인한 불안정한 상황에 숨통을 틔워줄 사회보장을 위한 모든 조치의 지지. 의사들의 자유로운 선택과 높은 수준의 의료 서비스가 지켜져야 한다는 전제하에서 사회적 의료를 위한 모든 조치도 지지되어야 한다.

• 우리의 농업 생산 역량을 완전하게 사용하고 우리의 잉여를 국내적으로든 국제적으로든 낭비 없이 사용하게 하는 모든 조치의 지지.

• 산업계, 상업계, 노조, 경제학자, 소비자 대표 등이 참여하는 경제 위원회의 구성. 이 위원회는 정기적으로 우리 경제의 필요를 조사하고 국가 전체의 이익이라는 관점에서 필요한 변화에 대해 전반적인 계획들을 수립하는 것을 임무로 한다. 이 위원회가 가장 시급히 수행해야 할 임무는 군사력 증

강을 위한 생산으로부터 평화 시의 생산으로 전환하기 위한 계획들을 논의하고 제안하는 것이다. 위원회에서 논의된 바는 소수 의견도 포함해서 보고서로 출판되어 널리 배포되어야 한다. 외교, 문화, 교육 등의 분야에서도 이와 비슷한 위원회들이 만들어져야 한다. 위원회 위원들은 다양한 인구 집단을 포괄하도록 구성되어야 하고 일반적으로 인정될 수 있는 정도의 고결함과 지식을 갖춘 사람들이어야 한다.

• 주거, 도로 건설, 병원 건립, 그리고 음악, 연극, 춤, 미술 등의 문화적 활동에 대대적인 정부 지출.

• 미국이 가진 부의 규모를 생각할 때 우리는 사회적 실험을 시작할 수 있다. 노동자의 경영 참여가 허용되는 다양한 형태의 구조를 실험할 수 있는 국가 소유 기업들이 조직되어야 한다.

• 기본적으로 사회적 중요성이 큰 산업에서는 기준이 될 만한 기업을 정부가 조직해 민간 산업과 경쟁시킴으로써 해당 산업의 기준을 끌어올려야 한다. 이는 무엇보다 라디오, 텔레비전, 영화 등에서 시작되어야 하고, 이러한 방식이 바람직한 다른 곳에서도 시도되어야 한다.

• 거대 기업에서 노동자의 경영 참여가 시도되어야 한다. 이 사회 의결권의 25퍼센트는 자유로운 선거로 선출된 노동자와 직원이 가져야 한다.

- 노조의 영향력이 강화되어야 한다. 임금 문제에서만이 아니라 노동조건 등에 대한 영향력 면에서도 그렇다. 동시에 노조 내부의 민주화 과정이 최대한 열정적으로 이뤄져야 한다.
- 상업적이고 정치적인 프로파간다의 최면적 암시를 제약하려는 모든 시도가 지지되어야 한다.

위에서 말한 프로그램들이 북미나 유럽 같은 산업화된 국가들을 주로 상정하고 있다는 것을 우리는 잘 알고 있다. 다른 나라들에 대해서는 구체적인 조건에 따라 프로그램의 내용이 달라져야 할 것이다. 하지만 기저에 있는 일반 원칙, 즉 사회적 사용을 위한 생산이라든가 산업과 정치 모두에서 실질적인 민주적 과정의 강화와 같은 원칙은 모든 나라에서 타당하다.

우리는 모든 시민이 자신과 자신의 아이들, 전체 인류 가족의 삶에 대해 책임감을 느끼기를 호소한다. 인간은 이제까지 인류가 해온 선택 가운데 가장 결정적인 선택의 상황에 직면해 있다. 인간의 기술과 두뇌를 사용해서, 낙원까지는 아니라 해도, 적어도 인간의 잠재력이 더 온전하게 실현되고 즐거움과 창조력이 죽지 않는 세계를 만들 것인가, 아니면 핵폭탄 또는 지루함과 공허함으로 스스로를 파괴하는 세계를 만들 것인가?

현재보다 나은 사회, 인간적인 사회를 향한 비전을 가지고 있다는 점에서 사회주의 프로그램은 다른 정당들의 프로그램과 다르다. 사회주의는 단지 자본주의의 이런저런 결함을 고치거나 개선하는 것만을 목적으로 삼지 않는다. 사회주의는 아직 존재하지 않는 무언가를 성취하려 한다. 사회주의는 현실적인 가능성에 토대를 두면서도 주어진 사회적 실재를 초월하는 목적을 추구한다. 사회주의자는 비전을 가지고 있으며 그 비전을 이야기한다. 이것이 우리가 원하는 것이라고. 이것이 우리가 추구하는 것이라고. 이 비전은 절대적이거나 최종적인 삶의 형태가 아니라 더 낫고 더 인간적인 삶의 형태다. 이것은 서양과 동양의 문화가 달성했던 가장 위대한 성취들에 영감을 주어온 인본주의의 이상을 실현하는 것이다.

사람이란 이상 같은 것을 원하지 않으며 자신이 살고 있는 세계의 준거 틀을 벗어나고 싶어 하지 않는 법이라고들 흔히 말한다. 하지만 우리 사회주의자들은 그렇지 않다고 말할 것이다. 사람들은 자신이 그것을 위해 노력할 수 있고 신념을 가질 수 있는 무언가를 마음 깊이 갈망한다. 인간의 총체적인 활력은 그가 자신의 존재 중 판에 박혀 돌아가는 일상의 부분을 초월한다는 사실에서, 그리고 아직은 달성되지 않았지만 실현이 불가능하지는 않은 비전을 이루기 위해 노력한다는 데서 나온다. 합리적이고 인간주의적인 비전을 위해 노력할 기회가 없다면 인간은 삶의 지루함에 지쳐 우울함에 빠질 것이고 독재자나 선동가가 설파하는 불합리하고 악마적인 비전에 희생되고 말 것이다. 아무런 이상도 제공하지 않고, 아무런 신념도 요구하지 않으며, 그저 지금과 같은 것을 더 많이 갖는 것 외에는 아무런 비전도 없는 것, 바로 이것이 현대 사회의 취약함이다. 우리 사회주의자들은 인간에 대해, 또한 새롭고 인간적인 형태의 사회라는 비전에 대해 깊은 신념이 있다고 밝히는 것을 부끄러워하지 않는다. 우리는 동료 시민들의 신념과 희망과 상상력에 기대어 이 비전과 이를 실현하려는·노력에 함께해달라고 호소한다. 사회주의는 사회경제적·정치적 프로그램으로만 그치는 것이 아니다. 이것은 인본주의적인 프로그램이며 **인본주의의 이상을 산업사회의 조건에서 실현하려는 것이다.**

사회주의는 근본적radical이어야 한다. 근본적이 된다 함은 철저히 뿌리에 도달한다는 의미이며 그 뿌리는 인간이다.

옮긴이 후기

에리히 프롬은 20세기의 지식인이다. 그가 경험한 시기 자체도 그렇지만(1900년에 태어나 1980년에 사망했다), 그의 저술을 관통하는 주제가 20세기의 인류가 처한 매우 독특한 위기라는 점에서도 그렇다. 프롬이 목격하고 겪은 20세기는 인류의 역량이 전례 없이 확장된 것과 동시에, 그 모든 이성과 합리성의 역량이 인류 자체의 생生을 절멸시키는 지극한 불합리를 향해 맹렬히 동원되고 있는 시기였다. 개인의 차원에서는, 사람들이 지능은 높아졌는지 몰라도 스스로 사고하고 느끼는 존재로서의 역량이 체계적으로 제거되어 (마치 사물처럼) 살아도 살아 있지 않은 것 같은 상태로 존재하고 있었다. 집단의 차원에서는, 인류가 말 그대로 인류 전체를 절멸시킬 수 있는 역량을 갖게 된 한편으로 그 파괴의 역량을 제어할 수 있는 역량은 미미하기 짝이 없거나 점점 더 퇴보하고 있었다. 사람들은 생이냐 죽음이냐의 선택에 직면해 있었지만

이 선택 자체를 외면하기 위해 일상의 바쁨 속으로 숨고 있었다. 생을 절멸하는 흐름에 단호히 맞서기 위해 꼭 필요한 '생의 기쁨'이 이미 이들에게서 사그라들었기 때문이다.

여기에 실린 네 편의 에세이에서 프롬은 '생의 기쁨의 상실'을 20세기 인간이 처한 '불복종 역량의 상실'과 관련지어 설명하면서 생의 역량을 회복할 수 있는 사회의 개요를 제시한다. 프롬은 『자유로부터의 도피』(1941), 『사랑의 기술』(1956), 『소유냐 존재냐』(1976) 같은 세계적인 베스트셀러를 포함해 평생에 걸쳐 왕성하게 저술 활동을 했는데, 이 책은 그중 1960년대에 쓰인 에세이 네 편을 담고 있다. 「심리적 도덕적 문제로서의 불복종」은 1963년, 「예언자와 사제」는 1967년에 다른 사람들과 함께 참여한 에세이 모음집에 처음 게재되었고, 「인류여 번성하라」와 「인본주의적 사회주의」는 1960년 미국 사회당 강령의 초안 격으로 작성한 『인류여 번성하라 ─ 사회주의자 선언과 프로그램』에 실렸다*(7년 뒤인 1967년에 프롬 본인의 서문과 함께 재출간되었다). 1941년작 『자유로부터의 도피』가 나치즘을 배경으로 20세기 인간의 위기를 다루었다면, 1960년대에 쓰인 이 에세이들은 냉전 시기 양

---

* 당에서 공식적으로 채택되지는 않았다고 한다. 로런스 프리드먼, 『에리히 프롬 평전』, 김비 옮김(글항아리, 2016) 참조.

체제 모두에서 순응형 인간('조직인')을 양산하는 시스템이 확산된 것, 그리고 핵 군비 경쟁이 고조된 것을 배경으로 20세기 인간의 위기를 고찰하고 있다.

원래는 각기 다른 시기에 다른 목적으로 쓰였지만, 이 네 편은 여기에 실린 순서대로 보아도 나름의 일관성을 갖는다. 첫 두 편은 개념적인 작업이라고 볼 수 있다. 첫 에세이에서 프롬은 단순한 반작용으로서가 아니라 '보편 양심' 혹은 '보편 이성'에 기반한 긍정적 행위로서 불복종을 개념화한다. 그러한 불복종이 현실에서 발현되는 양상을 그가 두 번째 에세이에서 설명한 '예언자'에게서 볼 수 있다. 경직된 도그마와 배타적 집단주의를 걷어내고 '보편 양심'으로 세상을 보았을 때 통찰할 수밖에 없는 진리가 있고, 그 진리를 보았기 때문에 그것을 말할 수밖에 없는 사람이 있다. 이들이 예언자라면,* 사제는 예언자의 이야기들(중 유명해진 것들)을 가져다가 도그마로 만들어 대중을 관리하는 데 활용하는 사람들이다.

프롬은 불복종의 역량, 혹은 누군가를 예언자가 되게 추동하는 요인의 핵심이 '삶에 대한 사랑'이라고 말한다. 20세기

---

* 여기에서 프롬은 당대 예언자의 사례로 버트런드 러셀을 들고 있는데, 「예언자와 사제」는 버트런드 러셀에 대한 기념 에세이 모음집 『우리 세기의 철학자 버트런드 러셀*Bertrand Russell, Philosopher of the Century: Essays in His Honour*』(Allen & Unwin, 1967)에 수록되었다.

인류가 보이는 '생의 역량의 상실'이 개개인의 특이한 기벽이나 병증에서 기인한 것이 아니라 사회적 환경과 관련된 것이라면, 그 사회의 속성에 대한 진단과 극복을 위한 실천적인 방향성이 제시되어야 한다. 이것이 뒤의 두 편의 내용이다. 세 번째 에세이에서 프롬은 구체적으로 당대의 대표적인 두 사회 체제(현실 공산주의와 서구 자본주의)가 공히 가지고 있는 문제들을 진단하고, 네 번째 에세이에서 생의 역량을 긍정하고 북돋우는 방향으로 작동하는 사회의 비전과 실천 지침을 제시한다.

정당의 강령 초안을 작성했다는 데서도 엿볼 수 있듯이, 프롬은 '혼합형 지식인'이었다. 그는 정신분석학, 심리학, 사회학, 유대 신학, 정치경제 철학 등을 두루 섭렵했다. 거주 지역도, 독일에서 태어나 미국으로 이주한 뒤* 다시 멕시코에서 오래 활동했고 말년은 스위스에서 보냈다. 프랑크푸르트 연구소, 미국의 여러 대학과 멕시코의 대학 등 학계에 몸담고 있었지만, 정신분석 임상의로서도 활동했고 군축을 위한 국제 정치 단체를 결성하고 대선에도 관여하는 등 정치 활동가로서도 활발했다. 그리고 학자였지만 대중과 소통하는 대

---

* 유대인이었던 그는 독일의 정치 상황이 심각해지면서 1934년에 미국으로 이주했다.

중 저술가로서도 크게 성공했다.

그렇다면, 본인의 경험 면에서와 저술을 관통하는 주제 면에서에 더해, 그가 미친 영향의 면에서도 프롬은 20세기의 대표적인 지식인이라 불리기에 손색이 없을 것이다. 그의 주요 저술은 세계적인 베스트셀러가 되었고 물론 한국어로도 번역되어 한국 독자들에게도 잘 알려져 있다. 이 책에 실린 네 편의 에세이도 1980년대에 이미 몇 차례 국내에 번역된 바 있다. 지난 해, 내가 강의를 나가고 있는 대학의 도서관에서 그중 세 권을 찾을 수 있었다. 『불복종에 관하여』(범우사, 1987), 『반항과 자유』(문학출판사, 1983), 『휴머니즘의 재발견』(한벗, 1983).* 1980년대라 전산화가 되기 전이어서 책 뒤표지 안쪽에 대출 기록 카드가 꽂혀 있었는데, 1985년, 1986년, 1988년에 신학과, 정치외교학과, 사회학과, 기계학과, 신문방송학과, 경영학과, 그리고 의과대학 학생이 이 책들을 빌렸던 기록이 남아 있었다.

냉전은 끝났지만, 우리는 20세기에 처했던 커다란 위험들을 정말로 해소하지는 못한 채 21세기에 들어섰다. 인류가 걸려 있는 전 지구적 위험을 추동한 것은 기술 발달이었는지

---

* 이 세 권 모두 여기 실린 네 편에 더해 프롬의 다른 에세이들도 같이 실려 있는 모음집이다.

몰라도 해법은 정치에서 찾아야 하며 그 방향은 민주적 역량의 실질적인 확대와 국가주의를 넘어서는 국제주의여야 할 것이라는 문제의식도 여전히 유의미하다. 1980년대에 이 책을 읽으면서 생을 긍정하는 사회와 휴머니즘에 대해 고민했을 예전의 대학생들을 떠올려보며, 2020년의 독자들에게도 우리가 살고 싶은 사회를 그려보는 데 이 책이 유의미한 단초가 되길 바란다.

불복종에 관하여

1판 1쇄 발행 2020년 6월 30일
1판 4쇄 발행 2023년 6월 15일

지은이 에리히 프롬
옮긴이 김승진
펴낸이 김미정
편집 김미정, 엄정원
디자인 표지 양진규, 본문 김명선

펴낸곳 마농지
등록 2019년 3월 5일 제2022-000014호
주소 (10904) 경기도 파주시 미래로 310번길 46, 103동 402호
전화 070-8223-0109
팩스 0504-036-4309
이메일 shbird2@empas.com

ISBN 979-11-968301-5-1 03100

이 도서의 국립중앙도서관 출판예정도서목록(CIP)은 서지정보유통지원시
스템 홈페이지(http://seoji.nl.go.kr)와 국가자료종합목록 구축시스템
(http://kolis-net.nl.go.kr)에서 이용하실 수 있습니다.(CIP제어번호 :
CIP2020025214)

• 책값은 뒤표지에 있습니다.
• 잘못된 책은 바꾸어드립니다.